GRUNDLAGEN UND GEDANKEN ZUM VERSTÄNDNIS
ERZÄHLENDER LITERATUR

HEINRICH BÖLL: ANSICHTEN EINES CLOWNS

von

BERND BALZER

VERLAG MORITZ DIESTERWEG
Frankfurt am Main

Die Reihe wird herausgegeben von Hans-Gert Roloff.

ISBN 3-425-06038-4

2. Auflage 1992

Umschlaggestaltung: Reinhard Schubert, Frankfurt am Main
Gesamtherstellung: graphoprint, Koblenz

Inhalt

1 Allgemeine Grundlagen

1.1 »Wogen um Heinrich Böll«*

»Sollte Böll einmal in die Literaturgeschichte eingehen, wofür ja einiges spricht, so könnte der Urteilsstreit über die *Ansichten eines Clowns* darin ein ebenso irritierendes wie nachdenkliches Kapitel werden.« (Joachim Günther in: Der Tagesspiegel, 30. 6. 1963)

»Meinungsstreit um den neuen Böll« lautet die Überschrift der Rezension, die jene Spekulation auf die Zukunft enthält – eine Spekulation, die insofern von der Wirklichkeit noch übertroffen wurde, als auch »die Literaturgeschichte« nicht nur »ein [...] Kapitel« über *Ansichten eines Clowns* enthält, sondern deren mehrere, in denen die Kontroverse fortgeführt wird, wenn auch nicht mehr mit der Lautstärke der Zeitgenossen. »Nachgeborene«, so vermutete Böll hingegen in seinem *Nachwort* zur Textausgabe von 1985, würden »kaum begreifen, wieso ein solch harmloses Buch seinerzeit einen solchen Wirbel hervorrufen konnte« (S. 411).** Das Etikett der Harmlosigkeit begründet Böll allerdings vom heutigen Standpunkt aus mit dem Hinweis auf die veränderte Sexualmoral sogar innerhalb des »Verbandskatholizismus«: »Unverheiratet zusammen zu leben ist nicht nur gebräuchlich, es ist akzeptiert, in katholischen Kreisen genauso wie in nichtkirchlichen. [...] Die Anpassungsfähigkeit, die ich nicht Fortschrittlichkeit nennen möchte, ist geradezu verblüffend. Was noch vor zwanzig Jahren zu Verfluchungen und Verstoßen geführt hat und hätte, katholische Familien nehmen es hin, wie sie die Raketen hingenommen haben« (S. 414).

Das Zitat läßt die Widerhaken und Spitzen erkennen, die das Etikett beim ersten Blick verbarg: Zum einen zielen sie auf den »Wirbel«, den das Buch auslöste und zugleich auf die Diskrepanz zwischen solchem »Wirbel« und der Gelassenheit gegenüber weniger harmlosen Streitfragen (»Raketen«), zum anderen verbirgt sich bei Böll hinter dem scheinbar Harmlosen fast immer das wirklich Harmvolle. »Harmlosigkeit« in diesem Sinne ist ja geradezu das kritische Programm der *Ansichten eines Clowns*: »Sie begriffen nicht, daß das Geheimnis des Schreckens im Detail liegt. Große Sachen zu bereuen ist ja kinderleicht: Politische Irrtümer, Ehebruch, Mord, Antisemitismus – aber wer verzeiht einem, wer versteht die Details?« (S. 229)

Daß dieses Programm wirkte, daß dieser »Haken« durchdrang, belegen die »Wogen um Heinrich Böll«, die der Roman in bis dahin kaum gekannter Weise auslöste – kaum gekannt trotz »Stellvertreter-Debatte« und Carl Amerys Untersuchung *Die Kapitulation oder Deutscher Katholizismus heute*, die Böll im *Nachwort, 1985* erwähnt, um 1963 als »hartes Jahr für die Demonstrativ-C-isten zu

* Titel v. K. Silex, In: Bücherkommentar, 15. 6. 1963.

** Seitenzahlen ohne weitere Angaben beziehen sich auf die hier durchgehend benutzte Ausgabe der *Ansichten eines Clowns* (Köln 1985) – s. Literaturverzeichnis.

kennzeichnen. »Es war auch ein bißchen viel für die *ecclesia militans*: zuerst Hochhuth, dann Carl Amery (zu dessen *Kapitulation* Böll ein Nachwort geschrieben hat) und nun dieser ärgerliche Roman. Den letzten beißen die Hunde, sagt man. Böll ist der letzte.« (Walter Widmer, in: Die Zeit, 7. 6. 1963)

Hochhuths Drama setzt einen Papst auf die Anklagebank, und Amerys Essay kritisiert ebenso polemisch wie soziologisch fundiert die Strukturen des katholischen »Milieus«, während Bölls Roman in dieser Hinsicht eher mit Harmlosigkeiten aufwartet. Und doch ist die Reaktion auf die *Ansichten eines Clowns* massiver als auf Amerys Essay und mindestens ebenso heftig wie auf Hochhuths christliches Trauerspiel, auch wenn sie noch nicht sofort – wie im Falle Hochhuths – die Spitzen der bundesdeutschen Politik einbezog.* Auf den Vorabdruck des Romans in der Süddeutschen Zeitung reagierte die »Katholische Aktion« mit offiziellem Protest und dem Versuch, »für die Zukunft die Wiederholung derartiger Fälle« zu verhindern (Süddeutsche Zeitung, 17. 5. 1963). Die Bischöfliche Akademie in Aachen veranstaltete nach dem Erscheinen des Buches eine Diskussion, in der man Bölls »Ressentiments« beklagte und »Sorgen um die krisenhafte Situation« äußerte, in der sich Böll »heute bewußtseinsmäßig befinde« (Echo der Zeit, 2. 6. 1963). Entschieden weniger mitfühlend war der Freiburger Erzbischof, der im September 1963 von der Kanzel gegen die »nonkonformistischen Katholiken« im allgemeinen und Bölls *Ansichten eines Clowns* im besonderen zu Felde zog, und die Deutsche Bischofskonferenz, die am 22. desselben Monats einen Hirtenbrief zum Thema Kritik der Schriftsteller an der Kirche verlesen ließ. Unzählige Bistumsblätter und Publikationsorgane katholischer Verbände führten eine polemische Kampagne gegen den Roman, deren Höhepunkt der Offene Brief des Pressereferenten des Bischöflichen Ordinariats in Berlin, Monsignore Erich Klausener, darstellte – für Böll ein neues Genre: »Bordellismus der Literaturkritik«. Solche Reaktionen des »militanten Verbandskatholizismus« waren in der Tat »unsensibel, peinlich«, manchmal wirklich »zu dumm« (S. 412), aber sie waren erklärlich und nicht ganz unerwartet. Irritierender war dagegen der »Urteilsstreit«, von dem Joachim Günther sprach, die Debatte in der Literaturkritik. »Sie wird durch Bölls Buch schlicht in zwei Lager geteilt. Die Grenze ist leicht zu ziehen; gar nicht leicht ist es zu klären, warum man nun den einen Kritiker in diesem, den anderen in jenem Lager findet, zu analysieren, was als der geistige Hauptnenner der Bewunderung und Anerkennung auf der einen Seite, des Mißfallens und Unbehagens auf der anderen gelten darf.« (Die Zeit, 15. 6. 1963)

Es waren bei dieser Kontroverse ja nicht etwa »hie Katholiken, da Humanistische Union; nicht hie kalte Krieger, da Ostkontaktler; nicht hie Gruppe 47, da Dufhues und Krämer-Badoni; und auch nicht hie Restaurierer und da Avantgardisten« (Rudolf Walter Leonhardt, in: Die Zeit, 21. 6. 1963), es war, wie derselbe Autor feststellte, »alles wieder einmal viel komplizierter«. Und so verzichteten die Feuilletons einiger wichtiger Zeitungen und Zeitschriften auf die Mani-

* Vgl. hierzu den in der Reihe »Grundlagen und Gedanken zum Verständnis des Dramas« erschienenen Band zu Rolf Hochhuth, Der Stellvertreter, von Bernd Balzer.

festation ihres Urteils und öffneten sich zum Forum der Kontroverse. Die Süddeutsche Zeitung machte den Anfang im Anschluß an den Vorabdruck des Romans, und Die Zeit bildete den Höhepunkt: In sechs Nummern im Mai und Juni 1963 ließ sie insgesamt acht renommierte Kritiker zu Wort kommen, veröffentlichte einen »kritischen Querschnitt« aus anderen Zeitschriften und eine große Zahl von Leserbriefen. Ein lobenswert objektives Verfahren, aber auch Ausdruck einer gewissen Rat- und Hilflosigkeit. »Wir haben unseren Lesern hiermit alles Material an die Hand gegeben, diese Entscheidung jeder für sich zu treffen. Jetzt kann nur noch die Lektüre des Romans helfen.« (Die Zeit, 15. 6. 1963)

Mit diesem Schlußwort der Feuilletonredaktion hatte die bundesdeutsche Literaturkritik zum erstenmal vor ihrer eigentlichen Aufgabe, der Wertung von Literatur, kapituliert und dies scheinbar gleich auf Dauer: »Auch einem später kommenden Kritiker, der sich vielleicht erhofft hat, den Ertrag der bisherigen Kontroversen in seine Scheuer einzusammeln, bietet sich kaum die Chance einer gerechten Position. Auch er wird nichts anderes als sein persönliches Verhältnis zu diesem Buch, seine Freude daran oder seine Abneigung dagegen formulieren können, und der Ausschlag für das eine oder andere wird vielleicht gar nicht von schwerwiegenden Argumenten, sondern von Imponderabilien herbeigeführt werden.« (Joachim Günther, ebd.)

Was dieser Kritiker – in ganz seltener Freimütigkeit – hier eingesteht, ist das völlige Fehlen eines objektivierbaren ästhetischen Maßstabes – ein generelles Problem der bundesdeutschen Literaturkritik, das Böll 1971 in einem Gespräch mit dem Kritiker Heinz Ludwig Arnold diskutierte:

H. B.: [...] Es gibt wenige Kritiker – im Augenblick kenne ich fast gar keinen –, dessen Maßstab ich kenne oder der ihn mir bekannt gäbe.

H. L. A.: Das ist ihr großer Mangel.

H. B.: Und es ist eine schwierige Sache; insofern ist die marxistische Kritik für mich die interessanteste.

H. L. A.: Weil sie von ihren explizierten Grundlagen her eher zu verstehen ist?

H. B.: Ich meine, sie hat ein klares Maß- und Wertsystem, auch wenn sie natürlich über die ästhetischen Dimensionen einer Sache manchmal hinwegpfuscht. Aber ich kann sie kapieren. Ich hätte auch eine katholische Kritik [...] hingenommen oder mich mit ihr auseinandergesetzt. Bei unserer hier in Westdeutschland etablierten Kritik sehe ich den Maßstab nicht. [...] Wenn [...] für einen Kritiker *der* Autor auf der Welt Heinrich von Kleist ist und er mißt alles daran: wunderbar! (J, S. 152)*

Natürlich hatte auch die westdeutsche Literaturkritik Maßstäbe, aber es waren keine ästhetischen, bzw. es waren nur vorgeblich ästhetische Maßstäbe. »Wenn ich lese, daß man einen Autor wie Gerd Gaiser mit demselben Vokabular lobt wie Faulkner, dann bin ich mißtrauisch: da sehe ich keinen Maßstab.« (ebd.)

---

* Die Siglen, mit denen Bölls Werke zitiert werden, sind im Literaturverzeichnis aufgeführt.

In der Tat! Das tertium comparationis der beiden genannten Autoren ist weltanschaulich, ideologisch, nicht aber ästhetisch zu definieren. Es war Bölls *Clown*, der den Fassadencharakter ästhetischen Anspruchs in der bundesdeutschen Literaturkritik bloßlegte und zu ideologischer ›Sortierung‹ der Kritikergilde in der Art zwang, wie sie Rudolf Walter Leonhardt (s. o.) vorführte. Der *Clown* ließ sich nicht wie gewohnt einordnen, und das führte zwangsläufig zu den kritischen »Wogen um Böll«.

1.2 Die »Ansichten eines Clowns« im Prozeß der »Fortschreibung«*

Es geschah nicht von ungefähr, daß gerade ein Werk Bölls für die Kritik »verwirrende Ordnung« stiftete, und es waren auch nicht die ersten »Wogen um Böll«. Schon gegen Ende des Jahres 1958 gab es »Krieg um ein Buch« (Kölner Stadtanzeiger, 11. 12. 1958), um den Fotoband von Chargesheimer *Im Ruhrgebiet*, für den Böll das Vorwort verfaßt hatte. Dieses Vorwort sprach durchaus von wirtschaftlicher Leistung und Aufbau, aber es ließ auch die buchstäblich ›schwarzen‹ Seiten nicht aus: »Es gibt von Menschen bewohnte Räume, auf die jährlich pro Quadratmeter 800 Gramm Dreck herunterregnen: fast ein Kilo auf eine Fläche, die halb so groß ist wie ein Bett [...]. Das Wort Fortschritt bleibt bittere Ironie, solange dem Menschen die Elemente: Erde, Luft und Wasser entzogen oder vergiftet werden.« (E I, S. 250)

»Eine Protestwelle brandet[e] durch das Revier« (Rheinische Post, 10. 12. 1958), aber es gab auch »stürmischen Beifall« (Süddeutsche Zeitung, 4. 2. 1959). Diskussionsveranstaltungen und Kontroversen in den Leserbriefspalten der Ruhrgebietszeitungen bezeugen das Engagement der Auseinandersetzungen. Und schon damals verlief die Frontlinie nicht entlang der üblichen und zu erwartenden Grenzen. Der SPD-Oberbürgermeister von Essen polemisierte: »Wir haben nicht die Absicht, derartige Veröffentlichungen unwidersprochen zu akzeptieren, besonders nicht, wenn wir glauben, leider eine deutliche Tendenz erkennen zu müssen.« (Ruhr-Nachrichten, 28. 11. 1958)

Der Oberbürgermeister von Bochum und der Verkehrsdirektor von Gelsenkirchen schlossen sich den Protesten an. Für die Gewerkschaftszeitung »Welt der Arbeit« ist das Buch »einmalig schlecht« (7. 11. 1958). Doch auch für die Mitteilungen der Niederrheinischen Industrie- und Handelskammer ist es »problematisch« (15. 1. 1959), und das Organ der Dortmunder Schwesterorganisation »kann es verstehen, daß die Oberbürgermeister [...] der Ruhrgebietsstädte und manche Leiter großer Unternehmungen nicht gerade entzückt gewesen sind« (Nr. 2, 1959). Und doch nennt das Unternehmerblatt »Die Bergbauindustrie« (Bochum, 10. 1. 1959) das Buch »im Kern ohne Zweifel wahr«, nimmt der Bildungssekretär des DGB positiv Stellung (Ruhr-Nachrichten, 2. 12. 1958) und wird der Vorstand des Rheinisch-Westfälischen Verleger- und Buchhändlerverbandes von den Mit-

* Zu diesem Begriff vgl. das Böll-Zitat auf S. 11.

gliedern zum Rücktritt gezwungen, weil er sich mit dem Brief des Essener Oberbürgermeisters solidarisiert hatte (Neue Ruhr-Zeitung, 24. 2. 1959). Auch in Kirchenzeitungen und christlichen Blättern gab es etwa ebensoviel pro wie contra.
Der Verlauf dieser Kontroverse läßt eine Struktur erkennen, die eine Art Grundmuster für die vielen anderen Kontroversen um Werke und Äußerungen Bölls darstellt:

- den Streit um die Satire *Nicht nur zur Weihnachtszeit*
- die Auseinandersetzungen um den *Brief an einen jungen Katholiken* (1958 und 1961 nach der Buchausgabe)
- die Aufregung um die Wuppertaler Rede *Die Freiheit der Kunst* (1966)
- Bölls Teilnahme an der Notstandsdebatte 1968
- die Reaktionen auf die Rede zur Woche der Brüderlichkeit (1970)
- der Bader/Meinhof-Artikel und die Folgen 1972,

wobei diese Liste keineswegs vollständig ist.
Die Worte des Essener Oberbürgermeisters – »wir glauben, leider eine deutliche Tendenz erkennen zu müssen« – enthalten die entscheidenden Elemente des genannten Grundmusters, konzentriert in den Schlüsselwörtern »leider« und »deutliche Tendenz«. »Leider« formuliert Bedauern über die durch »deutliche Tendenz« enttäuschte Erwartung. Die Wogen um Heinrich Böll sind auch, wenn nicht vor allem, die Konsequenz eines bestimmten Böll-Bildes, das sich etwa seit 1951, dem Auftreten Bölls vor der »Gruppe 47« in Bad Dürkheim, kontinuierlich entwickelt hatte. »Er hatte mit seiner Geschichte von den schwarzen Schafen bewiesen, daß er nicht nur über eine breite menschliche Substanz und einen feinen Humor verfügt, sondern auch brillant und mit scharfer Pointierung zu erzählen versteht.« (Tagungsbericht der Gruppe 47, in: R. Lettau, Die Gruppe 47. Neuwied 1967, S. 60)
»Menschliche Substanz, feiner Humor, scharfe Pointierung, [...] und kleiner Mann gehören bis weit in die sechziger Jahre zum Grundbestand der Böll-Kritik« (Nägele, S. 42), ebenso lange gehören dazu: »Moralist« und »Christ«. Die Verwendung dieser Etiketten ist rasch so inflationär, daß sie sich nur exemplarisch dokumentieren läßt: Böll war der

- »Moralist ohne Ressentiment« (Karl August Horst, nach: Nägele, S. 50),
- »Moralist [und] Kritiker unserer Zeit« (Deutsche Rundschau, Januar 1955),
  und er verband
- die Rolle des »Moralisten« mit »tiefstem Christentum« (Der Bienenkorb, Frankfurt a. M., 2. 6. 1959).
  Er galt als der
- Autor einer »phrasenlosen christlichen Haltung« (Berliner Morgenpost, 7. 11. 1954),
- »bewußt christlicher Dichter« (Mannheimer Morgen, 24. 12. 1954),
- und Der Pfälzer (Landau, 28. 1. 1956) resümierte: »Die Aufgabe des christlichen Dichters. Böll hat sie erfüllt.«

Aus Christlichkeit und Moralismus ergab sich geradezu zwangsläufig eine weitere Charakterisierung: »rücksichtslose Ehrlichkeit« (Deutsche Studentenzeitung, Hamburg, Nr. 12, 1954), »fast fanatische Wahrheitsliebe« (Deutsche Volkszeitung, 30. 10. 1954). Seine Kritik erscheint »durch keine ideologische Brille getrübt« (Deutscher Zeitungsdienst, 12. 11. 1954), seine »Kamera arbeitet ohne Scheinwerfer: einer Weltanschauung, einer Religion, einer politischen Ansicht« (Die Welt, 8. 12. 1951).

Natürlich entstand das Image des ›ehrlichen, unparteilichen, christlichen Moralisten‹, des »guten Menschen aus Köln«, wie sich zahlreiche Gazetten 1972 anläßlich der Nobelpreis-Verleihung erinnerten (vgl. Balzer, Humanität, S. 63f.) zu einer Zeit, als Bölls kritische Potenz sich vorwiegend an der Kriegsthematik abarbeitete, aber mit der ohnehin verdrängten Vergangenheit keinen der politisch aktiven Zeitgenossen ernsthaft zu treffen drohte oder aber sein »feiner Humor« seinen »beißenden Wahrheiten [...] den verletzenden Stachel« nahm (Frauenwelt, Frankfurt a. M., August 1958).

Mochte mit Blick auf die Satiren die »Evangelische Bücherschau« Böll auch schon mal »Das enfant terrible der Römisch-Katholischen Kirche« nennen und der Bonner Borromäus-Verein diese nur »für gebildete, sittlich und religiös reife Leser empfehlen« wollen (Das neue Buch 1958), so sah man sich auch durch Satiren wie *Dr. Murkes gesammeltes Schweigen* (Mai 1958) und andere eher »zum Schmunzeln, nicht zur Bitterkeit« genötigt (Die Begegnung, Köln, 12. 12. 1958). Eine gewisse Ausnahme stellt das *Hauptstädtische Journal* dar, dessen Satire auf Wiederbewaffnung und Militarismus ein leises Befremden auslöste (»Eine [...] etwas wurmstichige Frucht«, Stuttgarter Zeitung, 14. 6. 1958; »abgestandene Erzählung«, Neue deutsche Hefte, 1958, S. 560). Insgesamt aber wurde Satire in den 50er Jahren, wie Böll etwas später selbst erkannte, nur als »scheinbare Prügel« (E II, S. 36) empfunden, und das Image des »guten Menschen aus Köln« davon nicht tangiert. Wie sehr das Klischee der Unparteilichkeit von einer großen Koalition der nicht Betroffenen kreiert worden war, zeigte sich, als Bölls Zeitkritik dann mit *Im Ruhrgebiet* zum erstenmal tatsächlich traf. In der Reaktion der Betroffenen wurde sogleich der Mechanismus sichtbar, der fortan bei ähnlichen Anlässen wirksam blieb. Natürlich konnte diese Kritik nur Ausdruck einer bedauerlichen tendenziösen Verirrung des »Moralisten« sein, die man angesichts des leider so verbreiteten und festsitzenden Images nur um so entschiedener zurückzuweisen hatte. Und natürlich war »Tendenz« nur das Kürzel für ideologische oder materielle Gegnerschaft zur jeweils eigenen Position, für Parteilichkeit zugunsten des Gegners. Zweierlei kam in der Lautstärke des entsprechend empörten Aufschreis gar nicht erst zu Bewußtsein:

- daß allein die Heterogenität der Betroffenen, bzw. Getroffenen, eine einheitliche »Tendenz« des Kritikers ausschloß und
- daß gerade der Vorwurf der Parteilichkeit und Tendenz aus so verschiedenen Lagern das Image bestätigen und allererst verwirklichen mußte.

Bölls Glaubwürdigkeit, seine jenseits des Klischees erworbene Funktion als »Gewissen der Nation« (Die Kultur, München, 15. 10. 1959) entstand gerade dadurch, daß ihm von unterschiedlichsten, ja entgegengesetzten Seiten Parteilichkeit und Tendenz vorgeworfen wurde. Seltsamerweise haben gerade diejenigen, die von dem Instrument Öffentlichkeit abhängig sind und mit seiner Handhabung eigentlich vertraut sein müßten, dies kaum je erkannt. Und so wurden von ideologisch entgegengesetzten Seiten immer wieder kritische Äußerungen Bölls in jeweils eigenem Sinn ›sortiert‹, ohne zu bedenken, daß gerade dies auch etwaige Kritik an der eigenen Sache um so glaubwürdiger machte. Das steigerte sich von der regionalen Kontroverse im Ruhrgebiet und von Verbandskonflikten mit Religionsgemeinschaften bis zur nationalen und internationalen Ebene. 1967 hat Böll in einem offenen Antwortbrief an tschechoslowakische Schriftsteller eben diesen Mechanismus beschrieben. Die Tschechen hatten an die »linken westlichen Intellektuellen« appelliert, nicht nur gegen den Vietnamkrieg, Franco und die Obristen in Griechenland zu protestieren. Böll antwortete:

»Einige westliche Schriftsteller protestierten fast gleichzeitig gegen die Verhaftung von Daniel und Sinjawski *und* gegen den Vietnamkrieg. Alle westdeutschen Zeitungen [...] veröffentlichten unseren Protest gegen die Verhaftung der beiden sowjetischen Schriftsteller, aber nur einige wenige unseren Protest gegen den Vietnamkrieg. Sie sehen an diesem Beispiel, wie leicht jene Freiheit, die hier jede Zeitung genießt, sich in Selbstzensur verwandelt, indem man sich der Freiheit bedient, nur die Nachrichten zu bringen, die gerade passen. Was wichtiger ist: Auf die Idee, daß beide Proteste aus *einem* Geist kamen, ist meines Wissens kein einziger Kommentator gekommen. Ich nehme an, in den sozialistischen Ländern war es umgekehrt: Dort wurde wohl *nur* unser Protest gegen den Vietnamkrieg abgedruckt oder erwähnt, der Protest gegen die Verhaftung der beiden Schriftsteller wahrscheinlich unterdrückt oder nur so hämisch kommentiert, wie hier unser Protest gegen den Vietnamkrieg. Offenbar war wohl im ›sozialistischen Lager‹ die Vorstellung unvollziehbar, daß beide Proteste aus *einem* Geist stammten, dem, für den jegliche Art staatlicher Zensur undiskutabel und die Freiheit des Wortes und der politischen Entscheidung selbstverständlich sind.« (E II, S. 274f.)

1.3 Leben und Werk Bölls bis 1963

Vor- und Rückgriffe in das übrige Œuvre eines Autors sind für die adäquate Behandlung eines Werkes ohnehin notwendig, um so mehr, wenn – wie bei den »Wogen um Böll« – der Erwartungshorizont der Leser und Kritiker zu rekonstruieren ist. Im Falle Bölls ist der Blick auf das Gesamtwerk von noch weitergehender Relevanz, weil er selbst seine gesamte schriftstellerische Produktion als zusammenhängenden Prozeß verstanden und wiederholt mit dem Begriff »Fortschreibung« charakterisiert hat:

»Ich empfinde jedes Buch als eine Erweiterung des Instrumentariums, der Ausdrucksweise, der Komposition und auch einer gewissen Erfahrung, und insofern ist dieses Buch, wie alles, was ich geschrieben habe – auch zwischendurch kleinere Dinge, Aufsätze, Kritiken usw. – eine Fortschreibung. Der Prozeß des Schreibens ist eine dauernde Fortschreibung.« (J, S. 120)

Dieser Prozeßcharakter des Böllschen Gesamtwerkes muß also im Bewußtsein des Lesers jedes einzelnen Textes sein, und er soll hier entlang der wesentlichsten Werke vor den *Ansichten eines Clowns* nachgezeichnet werden, wie auch später dieser Roman mit seinen ›fortgeschriebenen‹ Elementen in den Werken nach 1963 in Beziehung zu setzen ist.

Erinnert man sich in diesem Zusammenhang an Bölls Formel von dem »einen Thema«, das »im Grunde die meisten Schriftsteller« haben (J, S. 397), und das sich für ihn selbst nach einer häufig zitierten Bemerkung aus zwei Aspekten zusammensetzt – »die Liebe und die Religion« (J, S. 68) –, so ist Schreiben offenbar für Böll »als ständige Variation« (J, S. 397) dieser beiden Aspekte zu begreifen, wobei sich die einzelnen Variationen selbstverständlich wechselseitig erläutern. Entschieden geringer ist für Böll selbst hingegen die Bedeutung der eigenen Biografie: »Das Interesse an der Person des Autors hat seine Wurzel in einem Bedürfnis nach Sensation, das mit der Literatur überhaupt nichts zu tun hat.« (H. Böll, Erzählungen, Hörspiele, Aufsätze. Köln 1961, S. 11) Das ist natürlich cum grano salis aufzunehmen; denn die eigene Person, das eigene Leben, gehören selbstverständlich zu dem Wirklichkeitsmaterial, mit dem Böll schriftstellerisch umgeht. Aber dieses Material wird verwandelt, »versetzt«, wie es in Bölls Sprache heißt, und vor allem ist ein relativ früh abgeschlossener Fundus grundlegender Erfahrungen wichtiger als der ständige Informationsfluß persönlicher Erlebnisse: »Es ist ein Irrtum zu glauben, jeder Autor mache Milieustudien. Ich glaube, er muß nur die Elemente des menschlichen Lebens kennen, und die muß er, scheint mir, bis spätestens zu seinem 21. Lebensjahr kennen, im Zustande verhältnismäßiger Unschuld und Naivität.« (J, S. 15)

In diesem Lebensabschnitt liegen dann auch wirklich die entscheidenden und prägenden Erfahrungen Bölls, die er in seinen Werken immer wieder neu gestaltet: »Geboren in Köln, am 21. Dezember 1917, während mein Vater als Landsturmmann Brückenwache schob; im schlimmsten Hungerjahr des Weltkrieges wurde ihm das achte Kind geboren; zwei hatte er schon früher beerdigen müssen.« (E I, S. 284) Den Schock der Inflation zu Beginn der 20er Jahre erlebt er schon bewußt als Signal für die Auflösung der bürgerlichen Gesellschaft: »Erinnerungen an das erste Geld, das ich in die Hand bekam, es war ein Schein, der eine Ziffer trug, die Rockefellers Konto Ehre gemacht hätte: 1 Billion Mark; ich bekam eine Zuckerstange dafür« (E I, S. 285). Bölls Vater war Schreiner und Bildschnitzer und »hat Altäre gemacht, Heiligenfiguren, Dekorationen [...], und zwar im neo-gotischen Stil« (J, S. 538). »Diese Kunst und die damit verbundene religiöse Erziehung, das war für uns identisch« (ebd.). Eine Verbesserung der privaten wirtschaftlichen Situation erlaubt den Bölls einen Umzug in ein eigenes Haus im Kölner Vorort Raderthal. Die dort verbrachten Jahre erscheinen Böll später als eine »relativ heile« Kindheit, geprägt jedoch vom verlorengegangenen kleinbürgerlichen Optimismus der Eltern. Für ihn aber wird gerade das zu einem Gewinn: »Acht Jahre lang wohnten wir in dieser Straße, die von zwei ›Lagern‹ bestimmt war, dem bürgerlichen und dem sozialistischen (das waren damals noch wirkliche Gegensätze!) oder von den ›Roten‹ und den ›besseren Leuten‹ [...] mich zog's immer in die Siedlung, die wie unsere neu erbaut war, in der Arbeiter, Partei- und Gewerkschaftssekretäre wohnten.« (E II, S. 123f.)

Die Weltwirtschaftskrise von 1929 trifft auch die Familie Böll entscheidend. Böll

erlebt das als »totalen Zusammenbruch in politischer, ökonomischer, soziographischer Hinsicht« (J, S. 362). Die Machtergreifung der Nazis wird »ein zweiter Schrecken: [...] Nach der Erfahrung des ökonomischen Ausgeliefertseins, nun die Erfahrung des politischen Ausgeliefertseins«. Eine »fast völlig unnazistische Schule« gibt ihm jedoch »Deckung gegenüber Nazi-Organisationen« (ebd.).
Nach dem Abitur beginnt Böll 1938 eine Buchhändler-Lehre und 1939 ein Germanistik-Studium, aus dem er nach 3 Monaten zur Wehrmacht eingezogen wird. Mitten im Krieg, 1942, heiratet er Annemarie Cech, mit der er seit längerer Zeit befreundet war. Seine Kriegserlebnisse in Frankreich, Polen und Bulgarien, – Verwundungen, Versuche, zu überleben durch Krankmeldungen und Simulation, gefälschte Urlaubspapiere und auch Desertion – tauchen in seinen literarischen Arbeiten immer wieder als Motive auf.
1947 werden die ersten Arbeiten – Kurzgeschichten – in Zeitschriften gedruckt, nachdem er zuvor schon »vier oder fünf, vielleicht auch sechs Romane«, Gedichte und Erzählungen geschrieben hatte (vgl. R I, S. [14]). Von diesen ersten Publikationen an ist für Böll die Wirklichkeit die »Aufgabe« des Schriftstellers (E I, S. 71), bleibt er »gebunden [...] an die Zeit und Zeitgenossenschaft« (E II, S. 34): Die jeweilige Gegenwart, sogar das von ihm so sehr geschmähte »Aktuelle« (vgl. E I, S. 71), sowie die jüngste Vergangenheit, bilden sein Material. Er nennt dafür eine recht vordergründige Ursache: »Da ich überhaupt nicht historisch schreiben kann, auch nicht utopisch schreiben kann, auch nicht möchte, gerate ich immer wieder in diese Gegenwart.« (J, S. 507)
Aus seinem spezifischen Wirklichkeits- und Materialbegriff ergibt sich aber auch ein innerer Zwang zu solcher Gegenstandswahl (s. u., S. 43ff.). Und so geht es in seinen Werken um Krieg, Trümmer, Nachkriegselend am Anfang, um »Wirtschaftswunder«, Restauration, Wiederbewaffnung später: »Mit jeder seiner Erzählungen hat er uns ein Kapitel der Nach-Hitler-Zeit nach dem anderen aufgeschrieben [...] Aus der Summe seiner Geschichten ist über Jahre *unsere Geschichte* geworden« (Vorspann eines Fernsehinterviews in »Titel, Thesen, Temperamente« am 20. 10. 1972). Diese Charakterisierung ist gar nicht falsch und kann doch völlig in die Irre führen, weil »viele sich Wirklichkeit ungefähr so vorstellen, wie eine große Regentonne, die ein Autor vor dem Haus stehen hat, aus der er nach Belieben abzapft; wenig – eine Kurzgeschichte; mehr – eine Novelle; sehr viel – einen Roman« (E II, S. 22). Das Verhältnis des Schriftstellers Heinrich Böll zu seinem Wirklichkeitsmaterial ist zum einen komplizierter, als es das häufig verwendete Klischee vom »Realisten« zu erfassen vermag, zum anderen aber kommt dem *Stoff* seiner Werke entgegen dem ersten Anschein überhaupt nicht die entscheidende Bedeutung zu: »ich möchte es lieber Material nennen, sagen wir: diese Handvoll Staub, die sogar laut Bibel Gott brauchte, um den Menschen zu schaffen, er brauchte, offenbar, ja Material, und das braucht natürlich auch ein Schriftsteller. Aber: sehr wichtig ist der Stoff nicht, für mich nicht« (J, S. 376).
Böll hat diese Einschränkung der Bedeutung des Stoffes oder Materials vielfach wiederholt und variiert – z. B. 1967: »ich brauchte einen [...] schmalen leichten Rahmen aus totem Material: aus Wirklichkeit« (E II, S. 254) – bis hin zu dem häu-

fig zitierten Verdikt in den *Frankfurter Vorlesungen*: »Der Inhalt einer Prosa ist doch ihre Voraussetzung, ist geschenkt; und dem geschenkten Gaul soll man nicht ins Maul schauen.« (E II, S. 38) Der Begriff der »Fortschreibung« kann sich also wohl nicht auf den »fortlaufenden Kommentar zur Geschichte Nachkriegsdeutschlands« (W. Schütte, in: Frankfurter Rundschau, 4. 8. 1979), auf das Material also, beziehen.

Von dem »einzigen Thema« war in diesem Zusammenhang schon die Rede – Böll hat das Verhältnis von Thema und Stoff aber noch genauer zu erfassen versucht: »Alles das, was die Weltgeschichte an Klamotten einem vor die Füße wirft, Krieg, Frieden, Nazis, Kommunisten, Bürgerliche, ist eigentlich sekundär. Das, was zählt, ist eine durchgehende, ich möchte fast sagen, mythologisch-theologische Problematik, die immer präsent ist.« (J, S. 516) Diese ist wirklich von den ersten Erzählungen an zu bemerken – nicht etwa als Kontinuität des Stoffes, sondern als Beständigkeit einer bestimmten Ästhetik und zugleich Moral, die Böll ohnehin beide als notwendig »kongruent« begreift. Diese »Ästhetik des Humanen« umfaßt die Aspekte seiner »mythologisch-theologischen Problematik«: »Ich gehe von der Voraussetzung aus, daß Sprache, Liebe, Gebundenheit den Menschen zum Menschen machen, daß sie den Menschen zu sich selbst, zu anderen, zu Gott in Beziehung setzen« (E II, S. 37).

»Sprache, Liebe, Gebundenheit« – im gleichen Zusammenhang erweitert Böll den Katalog noch um »das Wohnen, die Nachbarschaft und die Heimat, das Geld und die Liebe, Religion und Mahlzeiten« (ebd., S. 34) – sind »die elementaren Dinge« (J, S. 371), in deren Vollzug sich der jeweilige Stoff, die dargestellte Wirklichkeit bewähren muß. Bei der »Überprüfung des Materials« (J, S. 507) wählt Böll als Gegenstand immer wieder das, was er ebenso beständig als »Abfall« zu bezeichnen pflegt, denn »die Literatur kann offenbar nur zum Gegenstand wählen, was von der Gesellschaft zum Abfall, als abfällig erklärt wird« (E II, S. 71). Er liest freilich dieses Wort ironisch ›gegen den Strich‹ des üblichen Verständnisses:

»Abfall ist ja vieles in unserer Gesellschaft, in den Augen der meisten. Auch Menschen; abfällig im sozialen wie auch juristischen Sinne [...] Man wird sehr schnell zum Abfall, wenn man nicht dauernd up to date ist [...] Und so produziert unsere – aber nicht nur unsere – Gesellschaft natürlich permanent abfällige Existenzen, die man als Abfall betrachtet, und sie sind, meine ich, der wichtigste Gegenstand der Literatur, der Kunst überhaupt. Weil, jetzt negativ ausgedrückt: die Nicht-Abfälligen die Nicht-mehr-Lebenden sind.« (J, S. 411)

Diese Aussage hat ihm als relativ gelinden Vorwurf unter anderem denjenigen eingetragen, ein »Autor der kleinen Leute« zu sein (E II, S. 39). Noch in Rudolf Augsteins *Clown*-Rezension findet sich ein Reflex davon: »Eher wird ein Kamel durchs Nadelöhr gehen, ehe Böll einen Angehörigen der ›niederen Stände‹ unter die Heuchler und alten Nazis reiht.« (S. 353)

Böll selbst empfand entsprechende Vorwürfe eher als »Schmeichelei« (E II, S. 39). »Ich bin größenblind, so wie man farbenblind ist«, sagt er 1959 ironisch in dem Aufsatz *Zur Verteidigung der Waschküchen* (E I, 300). Entgegen dem sozialen Begriff der Größe realisiert sich diese für ihn gerade im »Abfall« oder Abschaum, weil dort die Beziehung zu den »elementaren Dingen« noch weitgehend ungebrochen ist. So stellen ›kleine Leute‹, einfache Soldaten, Bauern, Arbeiterinnen, Huren, das Personal der meisten Werke Bölls, und fast immer handelt es sich um Liebesgeschichten, wobei er »Liebesgeschichten – das ist für mich das wichtigste daran – diese Begegnungen immer unter möglichst schwierige Bedingungen stellen möchte« (J, S. 175). Dies ist die »durchgehende« Thematik Bölls, an der die sich wandelnde Wirklichkeit immer wieder neu gemessen wird.

Die Thematik Liebe unter »schwierige[n] Bedingungen« erscheint häufig in Bölls frühen Kurzgeschichten über die Kriegszeit. Exemplarisch aber für diese Situation ist die erste längere Erzählung, *Der Zug war pünktlich*, mit der Begegnung zwischen dem Soldaten Andreas und der polnischen Partisanin Olina in einem Bordell in Lemberg. Diese Liebe bricht schicksalshaft und unerklärlich über die beiden herein und ist sofort Maßstab für die Beurteilung der Realität – ein absoluter Maßstab. Von dieser Liebe her ist für Andreas sein Soldatentum in der Armee Hitlers ebenso eine Schuld wie für Olina ihre Agententätigkeit. Aber diese Liebe ist auch Fluchtraum gegenüber Kriegsgreuel und Todesgefahr: »Ich werde dich retten. Erschrick nicht! [...] Wohin ich dich auch führen werde, es wird das Leben sein.« (R I, S. 162) Freilich erweist sich das so verheißene »Leben« doch als der physische Tod; der Krieg läßt die Verwirklichung im Diesseits nicht zu. Das gilt auch für Feinhals und Ilona, das Liebespaar aus Bölls erstem veröffentlichten Roman *Wo warst du, Adam?* (1951), in dem das quasi religiöse Moment der Liebe noch deutlicher zum Ausdruck kommt. In Erinnerung an die ermordete Ilona urteilt Feinhals dort: »Aber sie schien gewußt zu haben, daß es besser war [...], nicht auf eine Liebe zu bauen, die nur für einen Augenblick wirklich war, während es eine andere, ewige Liebe gab.« (R I, S. 446)

Dies ist nun nicht als das traditionelle »Eiapopeia vom Himmel« (Heine, *Deutschland. Ein Wintermärchen*) mißzuverstehen; denn Liebe zielt hier, wie auch in den übrigen Werken, durchaus auf Verwirklichung im Diesseits. Die Umstände, die diese Verwirklichung verhindern, werden auf die Anklagebank gebracht. Anklage setzt Verantwortlichkeit voraus; aber die Verantwortlichen sind in den ersten Arbeiten Bölls nur als anonyme »Stimmen« (*Der Zug war pünktlich*) als »die« und »die da oben« (*Wo warst du, Adam?*) vorhanden. Das ist nicht politische Indifferenz – denn natürlich weiß Böll, wer den Krieg angezettelt hat –, aber Faschismuskritik allein würde für Böll die Verantwortlichkeit reduzieren – das Schuldigsein der Partisanin in *Der Zug* deutet das an. Faschismus erscheint für Böll nur als die wahnwitzig übersteigerte Variante von etwas, das weiter verbreitet und grundsätzlicher in Frage zu stellen ist. In Chiffren wie »Befehl – ein Wort, das vor Gericht gehört« (E II, S. 52), »Gleichschritt« (auch bei der katholischen Jugendbewegung), »Verrechtlichung« (J, S. 551) und in Bildern, wie sie schon die erste veröffentlichte Kurzgeschichte entwirft, zeichnet sich dies ab:

»Der Dienst der Ordnung bestand darin, daß stundenlang gewisse vorgeschriebene Bewegungen mit Händen und Füßen ausgeführt wurden, jede eine Stufe zu dem Tempel, den die Beherrscher all dieser Manipulationen als ›zackige‹ Soldaten gekrönt betreten durften. [...] Wie schrecklich diese religiöse Inbrunst, die dem Gewehr galt: Auf welch unwürdige Weise waren hier Askese, Buße und das Erleiden von Strapazen in den Dienst einer Hierarchie des Stumpfsinns gestellt. Die Menschen waren wie Puppen, die sich an irgendeinem Strang des Gehorsams bewegten. [...] Selbst die lasterhaft wirkenden schweren roten Vorhänge [im Offizierskasino] waren wie Uniformen, nicht einmal in den Sünden schien hier eine Ausflucht aus der starren, leeren Form gegeben, der alles, alles diente [...]« (R I, S. 7f.).

Der gemeinsame Nenner dieser Beispiele ist unschwer auszumachen: Die Kritik richtet sich gegen *jede* Form institutionalisierter Machtausübung – Schule, Staat, Kirche, Militär –, wobei Macht überhaupt und Institutionalisierung gleichermaßen der Ablehnung verfallen. Böll verweigert sich jeder »Abwehr-, Angriffs-, Einsatzbereitschaft bei, für oder in einem FC, CV, KWG, der NATO, SEATO, dem Warschauer Pakt, Ost *und* West, Ost *oder* West« (R IV, S. 270) und hält dagegen: »Daß Menschwerdung dann beginnt, wenn einer sich von der jeweiligen Truppe entfernt, diese Erfahrung gebe ich hier unumwunden an spätere Geschlechter.« (R IV, S. 312)
Erst 1964 so pointiert formuliert, gilt diese Devise für Böll von Beginn an. Die »Entfernung« von jedweder »Truppe« bezeichnet ein im ursprünglichen und positiven Wortsinn anarchistisches Programm. Da der Begriff »Anarchie« oder »Anarchismus« durch die Terrorismus-Debatte des letzten Jahrzehnts zu einem Zerrbild verkommen ist, scheint es notwendig, darauf hinzuweisen, daß »Anarchie« ›Nicht-Herrschaft‹ bedeutet, daß es deshalb »einfach verrückt« ist, »Anarchisten und Terroristen« gleichzusetzen (R I, S. [21]).
Anarchische, also herrschaftsfrei gedachte Liebesbeziehungen sind, ebenfalls von Beginn an, der Ort, an dem Böll dieses Programm zu verwirklichen trachtet. Das gelingt ihm jedoch immer wieder nur im quasi von der übrigen Gesellschaft abgeschirmten, geschützten Raum – nicht verwunderlich in den Kriegserzählungen, aber auch in späteren Werken, was ihm mehrfach das vorwurfsvolle Etikett des Idyllikers eingetragen hat bis hin zu Charakterisierungen wie »Courths-Mahler der 2. Jahrhunderthälfte« (Die Welt, 16. 2. 1972) oder »linksrheinischer Fallada« (Welt der Literatur, 17. 9. 1964). Aber solche Liebesidylle, wie die Andreas' und Olinas, Feinhals' und Ilonas, Schneiders und Szarkas (*Aufenthalt in X*) sind Versuche, tragfähige Gegenwelten zu gestalten, die etwas später mit der Imbißbude (*Und sagte kein einziges Wort*) und dem Dorf Bietenhahn (*Haus ohne Hüter*) über den engen Rahmen ausschließlich erotischer Liebesbeziehungen hinaus ausgeweitet werden zu liebevoller, beschützender Mitmenschlichkeit.
Auch diese beiden Romane werden in ihrer Ausgangssituation von Kriegsfolgen bestimmt – die Notwohnung der ausgebombten Familie Bogner, die ein wirkliches Familienleben verhindert und den Mann aus dem Haus treibt, sowie der Kriegstod zweier Väter, der die Frauen mit ihren Kindern in Häusern »ohne Hüter« leben läßt –, der Verlauf der Handlung beider Romane wird jedoch durch die soziale Wirklichkeit nach dem Krieg, durch das beginnende Wirtschaftswunder bestimmt. Das ist nicht mehr die mörderische Situation des Krieges, gleichwohl sind es in der Tat »möglichst schwierige Bedingungen«, wenn auch nicht unüberwindliche: Die Familie Bogner findet am Schluß von *Und sagte kein einziges Wort* wieder zusammen. Vor allem handelt es sich nicht mehr um anonyme

unangreifbare Mächte wie im Krieg, sondern zwei Faktoren konstituieren für Böll in diesen beiden Romanen die Inhumanität der Umwelt: das Prinzip verwalteter Macht und das Faktum persönlicher, individueller Verschuldung. Beide Faktoren beschreibt und verurteilt er zugleich anhand eines Bereichs, der für ihn exemplarisch ist: der Amtskirche, die als straff organisierte Hierarchie und in der Praktizierung verwalteter Seelsorge den weitesten Abstand hat vom anarchischen Gemeinschaftsideal Bölls und deren Personal – im weitesten Sinne verstanden und Laienorganisationen bis hin zum Zentralkomitee der deutschen Katholiken mit einschließend – seinen vollen Anteil hatte am deutschen Verdrängungssyndrom. Wenn in *Und sagte kein einziges Wort* Prozessionen und berufsständische Umzüge ununterscheidbar werden und der »fürstliche Schritt« des Bischofs »wie eine sanfte Veränderung des Stechschrittes« aussieht (R II, S. 112), tritt der exemplarische Charakter des kirchlichen Stoffbereichs deutlich zutage, wobei das Exempel keineswegs willkürlich gewählt ist, sind doch wenigstens im Regierungszentrum der Bundesrepublik jener Zeit, das Wolfgang Koeppen treffend als »*Treibhaus*« bezeichnete, politische, gesellschaftliche und kirchliche Spitzenfunktionen zu einem kaum durchschaubaren »Klüngel« verwoben.

Mit Frau Franke (*Und sagte kein einziges Wort*), noch mehr mit Gäseler (*Haus ohne Hüter*) und den katholischen Kulturfunktionären Pastor Willibord und Schubrigel wird die Durchsetzung des sozialen Lebens mit Figuren aus dem Klüngel personifiziert, die »alles vergessen«, ihre »Erinnerung geschlachtet« haben (R I, S. 46) und gerade deswegen erfolgreich nach vorn zu marschieren vermögen.

Immerhin, gegen solche »Bedingungen« vermag sich in den 50er Jahren die Liebe zweier Menschen durchzusetzen in ihrer anarchistischen Form: Frau Bogner holt ja nur scheinbar ihren Mann in die rechtmäßige Ehe zurück – »ich liebe ihn erst, seitdem ich begriffen habe, wie sehr er die Gesetze verachtet« (R II, S. 105). Und ebenso steigt Walter Fendrich mit der Geliebten aus seinem bislang angepaßten Leben aus (*Brot der frühen Jahre*).

Gegen die »Schlachtung« der Erinnerung, gegen die individuelle Schuld beharrt Böll auf der Notwendigkeit der Sühne, ja der Strafe. Das ist ein in den Texten sich steigerndes Element der Handlung – von den Vorwürfen gegen Frau Franke in *Und sagte kein einziges Wort* über die Ohrfeigen für Gäseler (*Haus ohne Hüter*) bis zum – allerdings daneben gehenden – Schuß auf einen Minister (*Billard um halb zehn*). Vor allem aber bestimmt es die Wahl der Form mit eben solcher Steigerungstendenz: Es geht um die Satire. Es ist bezeichnend, daß in die 50er Jahre nicht nur die bekanntesten Satiren Bölls fallen – von *Nicht nur zur Weihnachtszeit* (1952) über *Doktor Murkes gesammeltes Schweigen* (1955) bis zum *Hauptstädtischen Journal* (1957) –, sondern daß satirische Elemente auch die Charakterisierungstechnik der Romane bestimmen. Auch das steigert sich von den groteskkomischen »Blut im Urin«-Szenen der Großmutter in *Haus ohne Hüter* (1954) bis zur satirischen Zerstörung eines verbreiteten Bildes bürgerlicher ›Wohlanständigkeit‹ in Gestalt des zigarrerauchenden erfolgreichen, wohlwollenden Geschäftsmannes und alten Nazis Nettlinger in *Billard um halb zehn* (1959).

Aber ebenso wie der Schuß fehlgeht, wird auch die ›Waffe‹ der Satire in diesem Roman relativiert. Lachen, von Brecht noch als Waffe gegen die »großen Töter« angesehen (*Arturo Ui*), wird von Heinrich Fähmel, der tragenden Figur des Romans, nur noch »als eine kleine Täuschung« (R III, S. 370) erlebt: »Ich hatte mich jahrelang von meinem Lachen ernährt, aber diese Nahrung fiel aus, kein Nachschub mehr [...] und ich öffnete den Eisschrank, ließ die Ironie sauer werden und schüttete sie weg wie einen ekligen Rest von etwas, das einmal wertvoll gewesen sein mochte.« (ebd.)

Ironie erscheint Fähmel nur noch als »ein Narkotikum für Privilegierte«. Das stellt die Satire in Frage und tatsächlich markiert das Erscheinungsjahr dieses Romans auch für eine lange Zeit (bis 1975, *Berichte zur Gesinnungslage der Nation*) die Abkehr Bölls vom literarischen Genre der Satire, wenn auch nicht völlig von der Methode satirischer Menschendarstellung.

Bis zu *Billard um halb zehn* geht mit der Verschärfung der Satire einher die stetige Reduktion der Liebeshandlung in der jeweiligen Gegenwart der Romane und Erzählungen. Schon in *Brot der frühen Jahre* realisiert sie sich nicht mehr als Happy-End, sondern als »Nottrauung« und Hinauswurf durch die Zimmerwirtin. In *Billard* schließlich bleibt nur die Zukunftshoffnung des Fähmel-Enkels übrig. Das anarchische Gemeinschaftsmodell Bölls schien sich nicht mehr gestalten, auf jeden Fall nicht mehr verwirklichen zu lassen. Für den *Billard*-Roman wich Böll daher aus in den Bereich der Uneigentlichkeit, ins Symbol. »Lämmer«, »Büffel«, »Hirten«. Das »Sakrament des Büffels« und das des »Lammes« – die ganze etwas ausufernde pastorale Bildlichkeit, die den Roman strukturiert, hat Böll 1975 retrospektiv als »eine Hilfskonstruktion« bezeichnet, die er »auf einen ganz bestimmten gesellschaftlichen Hintergrund angewendet« habe. (J, S. 424) Eine Hilfskonstruktion, um das angestrebte herrschaftsfreie Gemeinschaftskonzept wenigstens noch im symbolisch gefaßten Imperativ bewahren zu können: »weide meine Lämmer«. Die Kennzeichnung »Hilfskonstruktion« gilt es im Gedächtnis zu behalten, wenn anläßlich dieses Romans ein oben bereits zitierter Begriff des Böllschen Selbstverständnisses konkretisiert wird: »mit dieser Überzeugung muß man, glaube ich, an Literatur herangehen. Alles das, was die Weltgeschichte an Klamotten einem vor die Füße wirft, Krieg, Frieden, Nazis, Kommunisten, Bürgerliche, ist eigentlich sekundär. Das, was zählt, ist eine durchgehende, ich möchte fast sagen, *mythologisch-theologische Problematik*, die immer präsent ist.« (J, S. 516 – Hervorhebung von mir, B. B.)

Eine »mythologisch-theologische Problematik« kennzeichnet auch, ja vor allem, den Roman *Billard um halb zehn*. Die pastorale Herkunft der Symbolik definiert ihn, was Böll in einem Werkstattgespräch unterstrichen hat.

»Für mich bedeutet schreiben: verwandeln und zusammensetzen. Ich kann es nur an einem Beispiel klarmachen, an meinem Roman *Billard um halb zehn*. Die erste Zelle dieses Romans ist die zweite Hälfte des Schlagballkapitels. Und diese Zelle ist entstanden aus einer historischen Begebenheit. Im Jahre 1934 [...] ließ Göring hier in Köln vier junge Kommunisten durch Handbeil hinrichten [...] Das ganze war als Kurzgeschichte gedacht [...] Das Thema hat sich dann verwandelt, vielfach verwandelt, als ich in Gent den Altar der Gebrüder van Eyck sah, in dessen Mitte das Gotteslamm steht.« (J, S. 16)

Das Gotteslamm ist Symbol der Duldung, ist Gegenpol der Gewalt, ist das Bild des neutestamentarischen Gottes. Unter dieser Perspektive verkörpern die »Lämmer« des Romans, Schrella, Edith usw., eine auf Liebe aufgebaute Gegengemeinschaft, eben die durchgehende »mythologisch-theologische Problematik« in Bölls Werk; sie ist hergestellt durch ›Verwandlung‹ des Materials, das, wie immer bei Böll, aus konkreter Wirklichkeit besteht. Doch dies ist eben nur der eine Pol des literarischen Werkes aus der Sicht Bölls: »die komplizierte Dämonie auch eines vergleichsweise realistischen Romans besteht darin, daß es ganz und gar unwichtig ist, was an Wirklichem in ihn hineingeraten, in ihm verarbeitet, zusammengesetzt, verwandelt sein mag. Wichtig ist, was aus ihm an geschaffener Wirklichkeit herauskommt und wirksam wird.« (E II, S. 54)
Auf dem gesellschaftlichen Hintergrund von *Billard um halb zehn* ließ sich offenbar nicht Wirklichkeit schaffen, sondern nur eine symbolische »Hilfskonstruktion«. Allein Ironie schlägt eine Brücke zwischen Symbol und Realität im Gespräch der Jugendfreunde Fähmel und Schrella über einen Schulkameraden, der Priester geworden ist: »Enders würde die Lämmer weiden, aber man gibt ihm nur Böcke; er ist verdächtig, weil er die Bergpredigt so oft zum Gegenstand seiner Predigten macht; vielleicht wird man eines Tages entdecken, daß sie ein Einschiebsel ist, und wird sie streichen« (R III, S. 527).
Der Satz zeigt, wie es dem Mythos ergeht, der Wirklichkeit zu werden versucht. Ironie jedoch hatte der gleiche Roman schon als wirkungslos denunziert: *Billard um halb zehn* stellt einen Höhepunkt in der kompositorischen Entwicklung Bölls dar; er markiert aber zugleich ein Ende dieses Weges, der – weiterverfolgt – in die Resignation hätte führen müssen.
Die für Bölls bisheriges Werk ungewöhnlich lange Frist von vier Jahren verging nach *Billard* bis zum Erscheinen eines weiteren Romans, eine Zeit nicht der Literaturferne – er schrieb das Theaterstück *Ein Schluck Erde* (1962) und die Hörspiele *Klopfzeichen* (1960), *Sprechanlage* und *Konzert für vier Stimmen* (1962) –, aber doch eher der Reflexion *über* die Literatur und ihre Rolle und Möglichkeiten in der Gesellschaft. Die zahlreichen Aufsätze und Reden dieser Jahre sind Zeugnis dieser Reflexion. Dabei weist die am Beginn dieser Phase gehaltene Rede in Wuppertal anläßlich der Verleihung des Eduard-von-der-Heydt-Preises Richtung und Ziel: *Die Sprache als Hort der Freiheit* (E I, S. 301ff.). Die Sprache, die Literatur, verändert sich aus der Perspektive dieser Rede für Böll vom *Mittel* der Darstellung einer humanen Gegenwelt zur Gesellschaft zu ihrem wichtigsten *Ort*: »Der Schriftsteller, der sich dem Mächtigen beugt [...] wird auf eine fürchterliche Weise kriminell, er [...] verrät alle die, die seine Sprache sprechen« (ebd., S. 304). Seine Freiheit kenne keine Einschränkung als die »Grenzen der Kunst«, das mache ihn zu einer Institution, die »dem ungeschriebenen Gesetz verpflichtet, keinen irdischen Herrn über sich anerkennt und die Würde des Menschen im Wort bewacht und verteidigt« (ebd., S. 305).

Dieses Selbst- und Rollenverständnis konnte für den *Erzähler* Böll nicht folgenlos bleiben; es drängte vielmehr zur ›Verwandlung‹ dieses ›Materials‹ in neue, »geschaffene Wirklichkeit«. Ein Künstlerroman war zu erwarten: Die *Ansichten eines Clowns* sind ein Künstlerroman.

1.4 »Hierzulande« – die Bundesrepublik zu Beginn der 60er Jahre

»Ich war nicht fähig gewesen, über ein so ungenaues Land genaue Auskunft zu geben. Für dieses gemischte Gebilde, das Bundesrepublik heißt, eine Formel zu finden, dazu wäre sogar ein Einstein der Formulierung nicht fähig.« (E I, S. 366) So urteilte Böll in dem Artikel *Hierzulande*, der 1960 in der von ihm mitherausgegebenen Zeitschrift *Labyrinth* erschien. Er nennt Bestandteile des »gemischten Gebildes«: »ein Volk von Verbrauchern«, ein Land, »wo Armut weder mystische Heimat noch Station zum Klassenkampf mehr ist« (ebd., S. 370), wo nur wenige Gesichter erkennen lassen, »daß der Besitzer der Trauer und der Erinnerung fähig ist« (ebd., S. 372), wo es »Anlässe genug gibt, über dieses Land und in ihm zornig zu werden, aber an wen den Zorn adressieren? sie schlucken alles« (ebd., S. 374). Er beschreibt die Taxifahrt durch das nächtliche Banken- und Versicherungsviertel von Köln:

> »An den Gebäudefronten ist der Ortsgeist mit religiösen Emblemen versöhnt [...] Ob die Heiligen den Tribut annehmen? Keiner von ihnen eignet sich so gut als Vorbild für Monumentalbildhauerei wie der gute Christophorus [...] außerdem ist er der Schutzpatron der Autofahrer, und welcher Autofahrer ist nicht versichert. So lassen sich Geschäft mit Religion, Repräsentationspflicht mit der Pflicht, die Künste zu fördern, vereinen, man kann sogar noch öffentlich die Verachtung, die man den Abstrakten, den Entarteten schuldet, dokumentieren.« (ebd., S. 369)

Die Bauten, ihre Zweckbestimmung und die »Kunst am Bau« ersetzen als Bild der Bundesrepublik die »Formel«, die nicht zu finden ist – eine Ansicht, die die »Ansichten« Hans Schniers im wesentlichen bestimmen.

1.4.1 Das Ende der »Adenauer-Ära«

Bei den Wahlen zum Bundestag am 17. September 1961 verliert die CDU/CSU die absolute Mehrheit, und Adenauer ist für die Regierungsbildung auf die FDP angewiesen, die ihren Wahlkampf unter der Parole »Für die CDU – ohne Adenauer« geführt hatte. Der Kanzler verpflichtet sich zum Rücktritt innerhalb der Legislaturperiode, den er im Oktober 1963 vollzieht, nachdem seine Partei gegen seinen erbitterten Widerstand den Wirtschaftsminister und »Architekten des Wirtschaftswunders« Ludwig Erhard zum Kanzlerkandidaten gewählt hatte. Die von breiter Zustimmung begleitete Wahl Erhards personifizierte gleichsam den Ersatz einer politischen oder auch weltanschaulichen Orientierung durch das Prinzip der Prosperität. Der wirtschaftliche Wiederaufstieg nach dem »Zusammenbruch« des

Kriegsendes stand auf der Haben-Seite des bundesdeutschen Bewußtseins als einziges Gegengewicht vis-à-vis einem »Soll« unerfüllter Hoffnungen, nicht einmal formulierter Möglichkeiten und verdrängter Aufgaben. Zwei Daten des Jahres 1961 illustrieren diese Widersprüchlichkeit:
Am 6. März wertet die Bundesregierung zum erstenmal die DM um knapp 5% auf, um die Hochkonjunktur zu bremsen und die Exportüberschüsse einzuschränken.
Am 13. August riegelt die DDR die bis dahin offene Demarkationslinie zwischen Ost- und West-Berlin ab und beginnt den Bau der »Mauer«.
Die Lösung der »nationalen Frage« war für lange Zeit außer Sicht geraten, die deutsche Identität blieb undefiniert, und die damit verbundenen historischen, politischen und sozialen Probleme blieben ungelöst – den wirtschaftlichen Erfolg vermochte das jedoch nicht zu beeinträchtigen, im Gegenteil: Als so ziemlich einzig übriggebliebenen ›Wert‹ richteten sich alle Anstrengungen auf seinen Erhalt – die Anstrengungen einer überwiegenden Mehrheit jedenfalls. Seine Sicherung wurde, unmerklich zunächst, wichtiger als die anläßlich des Mauerbaus öffentlich immer wieder proklamierten »Werte des freien Westens«. Das zeigt sich Ende Oktober 1962, als wegen des Artikels »Bedingt abwehrbereit« (1962, H. 41) die Redaktion des Nachrichtenmagazins *Der Spiegel* durchsucht und der Herausgeber und mehrere Redakteure verhaftet werden. Der Chefredakteur wird auf direkte Intervention des Verteidigungsministeriums Strauß in Spanien festgenommen – »etwas außerhalb der Legalität«, wie Innenminister Hermann Höcherl zugibt, wobei er später als ›Entschuldigung‹ anführt, auch ein Beamter könne nicht immer »mit dem Grundgesetz unter dem Arm« umherlaufen (Grosser/Seifert, Bd. I, S. 37). Dieser Tiefpunkt in der politischen Kultur wird nur notdürftig ausgeglichen durch eine von den FDP-Ministern erzwungene Regierungsumbildung, die zu der Entfernung von F. J. Strauß als Verteidigungsminister führt, nachdem er im Bundestag zugeben mußte, daß seine vor dem Parlament abgegebene Erklärung, nichts mit der *Spiegel*-Affäre zu tun zu haben, nicht der Wahrheit entsprochen habe.
Diese Affäre mobilisierte *kurzzeitig* eine breitere kritische Öffentlichkeit. *Dauerhafte* Opposition gegenüber Fehlentwicklungen in der Bundesrepublik übte nur eine oftmals höhnisch als »heimatlose Linke« verspottete, 1963 gar von Bundeskanzler Erhard als »Pinscher« beschimpfte Gruppe von Intellektuellen, Schriftstellern zumeist. Ihre Bedeutung für das öffentliche Bewußtsein ist jedoch größer als ihre Zahl, besonders seit die SPD in ihrem Godesberger Programm (November 1959) mit der Bejahung von Privateigentum und Landesverteidigung sowie dem Verzicht auf weltanschauliche Festlegungen sich innenpolitisch den bürgerlichen Regierungsparteien angenähert und mit Herbert Wehners Grundsatzrede vor dem Bundestag am 30. Juni 1960 auch eine von Regierung und Opposition gemeinsam getragene Außen- und Deutschlandpolitik proklamiert hatte. Dies machte einen Teil der linken Intellektuellen in der Tat »heimatlos«.
»Wir nähern uns dem Einparteienstaat, der ein paar linke Flügelchen rauschen lassen wird. Im übrigen: lauter Mitten. Ein Titel für ein Bild: ›Zwischen den Mitten‹, rund wie Mühlsteine müßten die Mitten sein, in dauernder Bewegung um sich

selbst, und was dazwischengerät, wird zermahlen.« (E I, S. 523), so schildert Böll 1963 die Situation. Zugleich jedoch ist auch ihm die den Schriftstellern daraus erwachsene Rolle bewußt, wie er sie in der Formel von der »Sprache als Hort der Freiheit« erfaßt.

Wie viele seiner Schriftstellerkollegen ihre Rolle ähnlich sahen, zeigte sich nach dem Mauerbau am 13. August 1961, als 23 Autoren, darunter Böll, Grass, Lenz, Rühmkorf, Schurre, Weyrauch, im September einen »Offenen Brief« an den Präsidenten der UNO richteten, in dem sie erklärten: »Die seit dem 13. August sich ständig verschärfende Lage veranlaßt uns zu dem ungewöhnlichen Schritt, uns zu Sprechern unserer Landsleute zu machen. Wir handeln ohne Auftrag, aber im sicheren Bewußtsein, für viele zu sprechen.« (Vaterland, Muttersprache, S. 188)

Schon am 16. August hatten Günter Grass und Wolfdietrich Schnurre in ähnlicher Weise »ohne Auftrag« gehandelt und in einem Offenen Brief an die Mitglieder des Schriftstellerverbandes der DDR ihr Rollenverständnis definiert: »Wenn westdeutsche Schriftsteller sich die Aufgabe stellen, gegen das Verbleiben eines Hans Globke in Amt und Würden zu schreiben; wenn westdeutsche Schriftsteller das geplante Notstandsgesetz des Innenministers Gerhard Schröder ein undemokratisches Gesetz nennen; wenn westdeutsche Schriftsteller vor einem autoritären Klerikalismus in der Bundesrepublik warnen, dann haben Sie genauso die Pflicht, das Unrecht vom 13. August beim Namen zu nennen.« (ebd., S. 184)

Diese Passage läßt zum einen den gemeinsamen Ausgangspunkt für das wachsende Prestige der Schriftsteller zu Beginn der 60er Jahre und die zunehmende Gereiztheit der Politiker ihnen gegenüber deutlich werden: ihre Unabhängigkeit; zum anderen spricht sie drei wichtige Symptome jenes »Adenauer-Syndroms« an, das, unter dem Motto »Keine Experimente« (Wahlkampf-Parole der CDU/CSU 1957) nur unzureichend versteckt, für Restauration stand.

Das Festhalten Adenauers an seinem Kanzleramtschef Globke ist ja nur ein – freilich besonders unerfreuliches – Beispiel für den unangemessenen Umgang mit der Nazi-Vergangenheit; Globke war Kommentator der berüchtigten »Nürnberger Gesetze« von 1935 (»Reichsbürgergesetz« und »Blutschutzgesetz«). Nachdem die von den Alliierten betriebene »Entnazifizierung« nach Ausbruch des Korea-Krieges 1950 durch einen Bundestagsbeschluß »vereinheitlicht«, praktisch aber beendet worden war und Adenauer 1952 vor dem Bundestag gefordert hatte, »wir sollten jetzt mit der Naziriecherei einmal Schluß machen« (vgl. Neue Zeitung, Frankfurt/M., 24. 10. 1952), ist die Bundesrepublik immer wieder mit dem Problem der ›braunen‹ Vergangenheit von Persönlichkeiten der Politik und des öffentlichen Lebens konfrontiert worden. Das betraf Minister (z. B. den Vertriebenenminister und ehemaligen Osteuropa-Experten des NS-Regimes Theodor Oberländer, der 1960 zurücktreten mußte, sowie den Verkehrsminister Hans-Christoph Seebohm – Rücktritt 1966 nach dem Vorwurf, »Transportführer im KZ« gewesen zu sein) ebenso wie hohe Beamte, Generäle oder auch Bundes- und Ministerpräsidenten (Heinrich Lübke und Ernst Filbinger) und den Bundeskanzler Kurt Georg Kiesinger. Und jedesmal bedurfte es einer umfangreichen öffentlichen Kampagne, mußte gegen die Betreffenden »angeschrieben« werden, ehe sie, wenn überhaupt, die Konsequenz zogen. Die Bundesregierungen vermieden es in jener Zeit, dem Übel an die Wurzel zu gehen. Sie suchten eher nach Möglichkeiten, die Symptome, d. h. die öffentlichen Affären, zu vermeiden.

So erhielten etwa Angehörige der Justiz durch das Deutsche Richtergesetz vom 8. 9. 1961 die Möglichkeit, sich vorzeitig pensionieren zu lassen, wenn sie während des Dritten Reiches dort tätig gewesen waren. 143 Staatsanwälte und Richter machten im Jahr darauf davon Gebrauch (vgl. Politische Zeittafel, S. 99) – längst nicht alle Betroffenen, wie sich seither gezeigt hat.

Dies sind Beispiele nur einer Verdrängungsproblematik weitesten Ausmaßes, die gerade die 60er Jahre kennzeichnete.

Der Brief von Grass und Schnurre nennt an zweiter Stelle das geplante Notstandsgesetz. Erst während der Großen Koalition aus CDU/CSU und SPD ist es 1968 zur Verabschiedung der Notstandsverfassung gekommen, die eines der letzten Überreste der alliierten Besatzungsrechte ablöste, die über den Abschluß des »Deutschlandvertrages« (1954) hinaus gegolten hatten. Bereits 1962 verabschiedete der Bundestag eine entsprechende Gesetzgebung, erreichte aber nicht die dafür notwendige 2/3-Mehrheit. Der Entwurf stammte noch von dem Innenminister des vorausgegangenen Kabinetts Adenauer, Gerhard Schröder, der ihn mit den Worten charakterisiert hatte »Der Notstand ist die Stunde der Exekutive«. Gegen die Möglichkeit eines von Parlament und Justiz nicht überprüften, also undemokratischen Handelns der Regierung im Notstandsfall zog seit dem Beginn der Notstandsdebatte die Opposition zu Felde. Die fragwürdigen Aktionen der Bundesregierung in der *Spiegel*-Affäre wirkten wie die Vorwegnahme solcher für den »Notstand« vorgesehenen Handlungen und verstärkten die Polarisierung zwischen Bundesregierung und »schweigender Mehrheit« auf der einen und den kritischen Autoren auf der anderen Seite.

37 Teilnehmer an der Berliner Tagung der »Gruppe 47« bedauerten in einem Manifest, »daß die Politik des Verteidigungsministers der Bundesrepublik sie zu einem so scharfen Konflikt mit den Anschauungen der staatlichen Macht zwingt« (Vaterland, Muttersprache, S. 199). Das Deutsche PEN-Zentrum protestierte beim Bundeskanzler, andere Autoren beim Bundespräsidenten. In der Zeitung Die Welt dagegen nennt Rudolf Krämer-Badoni die kritischen Autoren »Narren der Nation« (31. 10. 1962). Dieses Konfliktmuster blieb seither kennzeichnend für das Verhältnis von konservativer Politik und kritischen Autoren.

Der dritte Symptomkomplex, den Grass und Schnurre als Gegenstand ihres kritischen Engagements nennen, der »autoritäre Klerikalismus«, verlangt im Kontext der *Ansichten eines Clowns* besondere Aufmerksamkeit.

1.4.2 Der »Milieukatholizismus«

»Zugegeben: das Jahr 1963 war für die Demonstrativ-C-isten ein hartes Jahr. Es erschien Carl Amerys ›Kapitulation‹, Hochhuts ›Stellvertreter‹ und das im Jahre 2 des zweiten Vatikanischen Konzils.« (S. 415)

Böll selbst stellt in seinem *Nachwort, 1985* die Bedeutung von Carl Amerys Buch *Die Kapitulation oder Deutscher Katholizismus heute* heraus, und zwei wichtige Kapitel dieses Buches sind im Materialteil der Textausgabe von 1985 abgedruckt. Dort wird der Begriff »katholisches Milieu« und »Milieukatholizismus« entwikkelt in deutlicher Anlehnung an die Bezeichnung »Juste-milieu« (»rechte Mitte«), die sich nach 1830 in Frankreich für die Politik Louis Philippes und der ihn tragenden Klasse einbürgerte und die dort sehr bald auch für ›laue Gesinnung‹ stand. Amery beginnt seine kritische Analyse mit einer Situationsbeschreibung, die auch die allgemeine Einschätzung der Rolle des Katholizismus in der Bundesrepublik dieser Zeit mitreflektiert:

»An sich scheint es dem deutschen Katholizismus gut zu gehen. Vor allem die kämpferischen Agnostiker versäumen nicht, darauf hinzuweisen. Sie attackieren die Achse Rom-Washington als die Amme des Bonner Staates; sie reden von der Gefahr der Klerikalisierung und der Konfessionalisierung, ja, sie haben sogar Beweise zur Hand. Sie erklären, daß die ›Übermacht der Kirche‹ noch nie so groß war wie heute, jedenfalls in der Neuzeit nicht, daß sich der Katholizismus (der politische, genauer gesagt der kulturpolitische) anschickt, die Republik zu beherrschen, und daß es höchste Zeit ist, diese Republik vor ihm zu retten. [...]
Vor wenigen Monaten gab das Befragungsinstitut EMNID dem bekannten ›repräsentativen Querschnitt der Bevölkerung‹ eine Rätselaufgabe: es legte ihm acht Auswahlgruppen vor, die als einflußreich bekannt sind, nämlich die Bauernverbände, die Vertriebenenverbände, die Gewerkschaften, die Bankiers und Großindustriellen, die Juden, die Freimaurer und die Geistlichkeit, nach Konfessionen getrennt [...] von 100 Befragten stellten 46 fest, daß die katholische Geistlichkeit zuviel Einfluß habe. Sie kam damit fast so schlecht weg wie die Bankiers und Großindustriellen an der Spitze – und wesentlich schlechter als die Gewerkschaften.« (Amery, S. 6f.)

Amery nennt auch die Faktoren, die um jene Zeit die Macht des Katholizismus als eher rückgehend kennzeichneten – weniger Kirchgänger, Zunahme nur standesamtlich geschlossener Ehen, »Erosion der Bekenntnisschule« –, dennoch sei der Vorwurf des Klerikalismus nicht unberechtigt. Er zitiert Klagen: »über ungebührlichen kirchlichen Einfluß im Schulwesen; über den Konfessionalismus in der allgemeinen Kulturpolitik; über Diskriminierung gegen Freidenker u. ä. im Rundfunk – kurz: über ungebührliche katholische Präponderanz in jenem Bereich, den man [...] heute [...] den ›kulturpolitischen Sektor‹ nennt« (ebd., S. 8).
Die Klagen reichten freilich noch weiter, auch durchaus in den allgemeinpolitischen Bereich hinein: Der »Konfessionsproporz«, die ständige Notwendigkeit der Ausbalancierung des katholischen und protestantischen Anteils innerhalb der CDU, der aus der Gründungsgeschichte dieser Partei verständlich war, setzte sich bis in die Besetzungsentscheidungen über Staats- und Regierungsämter fort. Wahlkämpfe wurden durch »Hirtenworte« beeinflußt, die von den Kanzeln aller katholischen Kirchen verkündet wurden usw. Das Paradox aus »Macht und Ohnmacht« erklärt Amery aus der Verschmelzung des deutschen Katholizismus mit einem Milieu, dessen genauere Beschreibung in den beiden genannten Kapiteln nachzulesen ist. Dabei ist die Beobachtung wichtig, daß das den Katholizismus

beherrschende Milieu in der »Adenauer-Ära« weitgehend identisch geworden war mit den Schichten, die auch Herrschaft in Staat und Gesellschaft ausübten. Das böse Urteil vom »CDU-Staat«, 1972 von einer kritischen Politologie gefällt (vgl. Schäfer/Nedelmann), hat hier seine objektive Grundlage. Für Böll war die Analyse dieser Tatsache ein wichtiges Motiv dafür, Amery »die Stange [zu] halten« (Amery, S. 124) und ein Nachwort zu dessen Buch zu schreiben, in dem er unterstrich:

»Der Deutsche Katholizismus ist auf eine heillose Weise mit jener Partei und ihren Interessen verstrickt, die sich als einzige das C (für christlich) angesteckt hat. [...] Es geht um die Zweideutigkeit, mit der der deutsche Katholizismus vor einem einzigen politischen Muster, das zum alleinseligmachenden erklärt wird, kapituliert hat. Wie langweilig muß das sein, mit lauter Musterknaben Tag um Tag Musterhaftigkeit zu exerzieren. Da lohnten sich ja fast mit Katholizismusvokabeln gefütterte Elektronenhirne, die Fragen und Antworten liefern.« (ebd., S. 126)

Amery grenzt den »Deutschen Katholizismus« ab von der römischen Kirche und das »Milieu« von ›den‹ Katholiken. Diese Abgrenzungen werden nicht nur den historischen und soziologischen Sachverhalten gerecht, sie sind mehr noch Voraussetzung für die Kritik des *katholischen* und mit seinem Glauben überhaupt nicht entzweiten Autors. In derselben Situation stehend, unterstreicht Böll diese Differenzierungen, verneint eine »Einheit: deutsche Katholiken – deutscher Katholizismus« und belegt das mit dem Beispiel des Schriftstellers Reinhold Schneider, den man daran gehindert hatte, auf einem Katholikentag eine Rede gegen die Wiederaufrüstung zu halten:

»Reinhold Schneider hatte alles, was ›Man‹ sich nur wünschen konnte: er war auf eine ritterliche Weise konservativ, er war ein Dichter des inneren Widerstands, gelobt, geehrt und vorgezeigt, als er aber die ersten Anzeichen der Kapitulation des deutschen Katholizismus vor dem Nachkriegsopportunismus angriff, zeigte sich, welcher Natur seine Partner gewesen waren: er wurde denunziert und diffamiert [...] Wo blieb der Schutz der Hirten und Oberhirten?« (ebd., S. 124)

So wie Amery beharrt auch Böll auf der Gültigkeit der christlichen Botschaft und der auf ihr basierenden Normen und sieht dagegen den deutschen Katholizismus »fast ausschließlich von den Werten und Tugendvorstellungen seines Mehrheitsmilieus abhängig« (ebd., S. 113), und so wie jener ruft auch er zur Wahl auf zwischen diesen beiden Katholizismen: »Vielleicht dringt Carl Amerys Stimme über den deutschen Katholizismus hinweg ans Ohr der Hirten und an die Ohren derer, die der Gewißheit bedürfen, daß sie nicht allein sind.« (ebd., S. 127)
Und noch für einen weiteren wichtigen Aspekt des politischen Katholizismus in der Bundesrepublik, seiner gesellschaftlichen Funktion und seines Charakters aus der Sicht der Kritiker, bietet das Buch Amerys Verständnishilfe. Die Kapitulation vor dem »Milieu« der Nachkriegszeit ist nach seiner Analyse nur die Konsequenz der Kapitulation vor dem Nationalsozialismus. Das Problem Vergangenheit belastete die Situation des deutschen Katholizismus in gleicher Weise wie die bundesdeutsche Gesellschaft und aus demselben Grund. Was der 23. März 1933 und die

Verabschiedung des »Ermächtigungsgesetzes« für die bürgerlichen Parteien war, bedeutete der 20. Juli 1933, der Abschluß des »Reichskonkordates«, für den deutschen Katholizismus: die Kapitulation nämlich vor dem Nationalsozialismus. Und während die Politiker nach dem Krieg sich wenigstens von ihrem Verhalten distanzierten, hielt (und hält) die Kirche fest am Konkordat. Eine Aufarbeitung dieses Problems hatte die Kirche bis 1963 ebensowenig geleistet, wie es eine »Bewältigung der Vergangenheit« in der bundesdeutschen Gesellschaft wirklich gegeben hat, schlimmer noch: sie wurde – anders als im politischen Bereich – dort gar nicht versucht, nicht einmal vorgeblich. Das Jahr 1963 war vor allem deshalb »ein hartes Jahr« für den deutschen Katholizismus, weil Amerys Buch und Hochhuths *Stellvertreter* zur Erörterung eben dieser Problematik zwangen. In diesem Kontext wurden die *Ansichten eines Clowns* gesehen (vgl. die Bemerkungen der Katholischen Nachrichtenagentur im Materialienteil der Textausgabe, S. 314), in diesem Kontext sollten sie auch gelesen werden: »Möglich, daß das Jahr 1963 mit der ›Kapitulation,‹ dem ›Stellvertreter‹ und diesem Buch ein Jahr der ›Wende‹ war, alle Versuche zur ›Rückwende‹ des Verbandskatholizismus sind gescheitert: keiner mag mehr so recht zwanzig Jahre bzw. ein Jahrhundert zurück.« (S. 416)

1.5 »Ansichten eines Clowns«

1.5.1 Entstehung und Stoff

Dennoch entsprach die Rezeption der *Ansichten eines Clowns* nur unvollständig den Absichten Bölls, was er erst 1971 in einem Gespräch mit dem Literaturkritiker Heinz Ludwig Arnold erläuterte:

»Die Geschichte dieses Buches kann ich Ihnen ganz einfach erklären. Ich habe einige Zeit mit Freunden eine Zeitschrift gemacht, die hieß *Labyrinth*. Sie kennen die Sage vom Labyrinth, die Theseus-Ariadne-Geschichte. Wir mußten die Zeitschrift drangeben, nicht nur aus finanziellen Gründen, sondern auch, weil wir nicht wußten: wie weiter; und dann schrieb jeder der Herausgeber, es waren vier, eine kleine Erklärung des Scheiterns [...] und meine Erklärung war eine Interpretation der Theseus-Sage, und diese Interpretation war der Plot für den Roman. Es ist eigentlich die Geschichte von Theseus und Ariadne: Theseus im Labyrinth, Ariadne schneidet den Faden ab und da sitzt er da. Und das Labyrinth, und das kann ich in dem Fall wirklich sagen, weil ich den Zusammenhang, den Kontext kenne, ist der politische deutsche Katholizismus. [...] für mich war das der Einstieg in den Roman, es war eigentlich die Fortsetzung der Zeitschrift als Roman, ganz einfach [...] und auch des Scheiterns der Zeitschrift, und die Übernahme des Mythos vom Labyrinth in einen christlichen Zusammenhang.« (J, S. 159)

Diese Äußerung bestätigt den »Fortschreibungsprozeß« einer durchgehenden »mythologisch-theologischen Problematik« auch für die *Ansichten eines Clowns*. Die zitierte Erklärung zur Einstellung der Zeitschrift lautet folgendermaßen:

»In der Welt, in der wir leben, hat das Labyrinth zu viele Entsprechungen, als daß eine Zeitschrift mit diesem Namen ihre Existenzberechtigung verlieren könnte. Ohne allzu große

Phantasie kann man an der modernen Bürokratie deren labyrinthischen Charakter erkennen: niemand weiß, hinter welcher Ecke welches der zahllosen Gänge das Ungeheuer lauert und zupackt; es fällt nicht schwer, sich den Papst in seinem Labyrinth als einen wehrlosen Theseus vorzustellen, oder im Grab des Lazarus ein Vorbild für den Atombunker zu entdekken: ›Herr, er riecht schon.‹
Es gibt Deutungen der Labyrinthsage, die auf überraschende Spuren führen: es könnte sich um ein aus Stierkampfelementen und Akrobatik zusammengesetztes Opferspiel gehandelt haben; das Opfer wäre dann vergleichbar mit einem modernen Boxer, Seiltänzer, Autorennfahrer: nichts lockt die Schaulust mehr als fließendes Blut und der mögliche Tod. Die Öffentlichkeit als solche wäre in der Rolle des Minotaurus, der nach unten weisende Daumen das Zeichen der absoluten Herrschaft; der Artist, der Gaukler, der Künstler, überraschenderweise in der Rolle des Opfers, ein Theseus zwischen Minos, dem Hochachtbaren, der das Gesetz und die Würde vertritt, das Notwendige – und Minotaurus.
Wie es nicht Zufall ist, daß diese Zeitschrift entstand, ist es nicht Zufall, daß ihre Herausgeber sich zunächst an einem Ende sehen, an einer Gangbiegung, hinter der es dunkel wird. Die Zeitschrift hört nicht auf, weil die Zahl der Freunde, und Feinde, Leser und Abonnenten zu gering gewesen wäre; sie hört auf, so glaube ich, weil sie ein ausschließlich männliches Unternehmen war. Ein Labyrinth ohne Theseus ist nur noch eine Stätte, wo blind geopfert wird, ein Theseus ohne Ariadne ist nicht mehr Gaukler oder Abenteurer, sondern nur noch ein Selbstmörder. Gewiß war Ariadne im streng staatsrechtlichen Sinne eine Verräterin, und vielleicht ist diese Zeitschrift an einem Ende, weil es schwerfällt, in Staat, Beruf, Familie Entsprechungen des Labyrinths zu erkennen und zu ›verraten‹.« (E I, S. 483)

Das ist nun in der Tat ein Entwurf für den »Plot«, das Handlungsgerüst, des *Clowns* und darüber hinaus auch schon eine Sammlung zahlreicher Motive des Romans: »der Artist, der Gaukler, der Künstler«, die Identifikation des Papstes mit Theseus – und dadurch mit dem Clown; die »vier Katholiken auf der Welt: Papst Johannes, Alec Guinness, Marie und Gregory, einen altgewordenen Negerboxer, der fast einmal Weltmeister geworden wäre und sich jetzt in Varietés kümmerlich als Kraftmensch durchschlug« (S. 91); das Gesetz, der »Verrat« usw.
Allerdings fehlt ein entscheidendes Zwischenglied zwischen dem antiken Mythos und dem Roman Bölls. In der mythischen Fabel ist es Theseus, der Ariadne verläßt, nicht im Labyrinth, sondern auf Naxos. Die Herausgabe der Zeitschrift »Labyrinth« durch die vier Männer Heinrich Böll, HAP Grieshaber, Walter Warnach und Werner von Trott zu Solz legte zwar das Gedankenexperiment eines »Theseus ohne Ariadne« nahe, wie das im zitierten Text geschieht; dennoch geht Böll wohl zu weit, wenn er im Vorwort zur Werkausgabe der Literaturkritik vorwirft, den Zusammenhang nicht erkannt zu haben: »der mythische ›plot‹ der Labyrinth-Sage« ist so ohne weiteres doch nicht »auf eine fast schon peinliche Weise deutlich erkennbar« (T, S. 13). Nur die Beachtung einer »interdisziplinären Chronologie« seines Gesamtwerkes, für die er an gleicher Stelle plädiert, hätte die Zusammenhänge vielleicht deutlich werden lassen. Eine solche Chronologie, d. h. eine nur die Zeitfolge der Entstehung, nicht aber die unterschiedlichen Gattungen berücksichtigende Gliederung hatte Böll als Konzept der Ausgabe seiner Werke ursprünglich vorgeschlagen.

Das hätte folgende Sequenz ergeben:

– *Erklärung zur Einstellung der Zeitschrift »Labyrinth«*
– *Keine Träne um Schmeck*
– *Briefe aus dem Rheinland*
– *Ansichten eines Clowns*

Die zwischen Dezember 1962 und September 1963 in der Wochenzeitung Die Zeit unter dem Pseudonym »Lohengrin« veröffentlichten *Briefe aus dem Rheinland* geben mit ihrem fortlaufenden Kommentar zu politischen und kulturellen Tagesereignissen und den grundsätzlichen Bemerkungen zu den »restlichen Spuren des Christentums im Rheinland« (E I, S. 496) eine plausible Illustration zum labyrinthischen Charakter der Verhältnisse in Gesellschaft und Kirche der Zeit. Thematisch verbunden sind diese Glossen durch eine fiktive Hintergrundshandlung, in die der vorgebliche Lohengrin als Dorfschullehrer verwickelt ist: »In unseren beiden Dorfkneipen flüstert man sich [...] zu, ich hätte ›etwas‹ mit einer Schülerin der Abschlußklasse.« (ebd., S. 492) Die daraus folgenden Verwicklungen führen fast zur Lösung der Ehe, die – vorläufig – gerettet wird: »Soll etwa, was Gott zusammengefügt hat, durchs Fernsehen und durch Verleumdung getrennt werden?« (ebd., S. 520)
Ergeben sich also aus dem realen Umfeld, den fiktionalen Motiven und natürlich auch aus dem mythologischen Pseudonym Verbindungen zu den *Ansichten eines Clowns*, so gibt die Erzählung *Keine Träne um Schmeck* eine direkte Interpretationshilfe im Hinblick auf den mythologischen »Plot« des Romans. Maria, die weibliche Hauptperson der Erzählung, verdichtet ihren Lebenslauf zu der gedachten Romanüberschrift »Baronin dreht ihrer Klasse den Rücken, entschließt sich, wahr und wirklich zu leben« (R IV, S. 62). »Genau vier Wochen vor dem Abitur« verläßt sie Schule und adliges Elternhaus, geht als Sozialarbeiterin in eine Fabrik, wird Freundin eines Studenten aus einer Arbeiterfamilie und hilft ihm – vor allem bei der Rache an Schmeck, dem Soziologieprofessor, der die Idee zu seiner Dissertation plagiiert hat. »Gehilfin« (ebd.) nennt Müller sie, ihr studentischer Freund; Gehilfin ist sie ihm, wie Ariadne dem Theseus. Die Erzählung enthält, wenn auch nur als strukturierendes Handlungsskelett, den antiken Mythos in gewohntem Verhältnis. Labyrinth ist hier der Universitätsbetrieb mit Schmeck als Minotaurus, der zwar keine thebanischen Jungfrauen verspeist, für den aber immerhin eine bestimmte Gruppe von Studentinnen »bereit« ist »zu sterben« (ebd., S. 46). Müller kann mit Marias Hilfe Schmeck ›erledigen‹ – »das war kein Überfall, sondern Mord« (ebd., S. 64) – und sich im universitären Labyrinth neu orientieren. Sogar der Ariadnefaden spielt, wenn auch in anderem Zusammenhang, eine Rolle, den ›Ariadne‹ – und das weist auf den *Clown* hin – durchzuschneiden droht:

»Er löste geduldig die vielfache Verknotung des Bindfadens, so langsam, daß Marie die Schublade aufriß, ein Messer herausnahm, es ihm wortlos hinhielt.
›Umbringen, ja‹, sagte Müller, ›das wäre eine Idee – aber nicht um alles in der Welt würde ich den Bindfaden durchschneiden, das wäre ein Schnitt ins Herz meiner Mutter‹.« (ebd., S. 57)

Der Roman verhält sich in vieler Hinsicht spiegelbildlich zur Erzählung: Marie ist nun das Arbeiterkind, Hans Schnier aus (allerdings geld-)adligem Hause; *er* verläßt nun »vier Wochen vor dem Abitur« die Schule und sie »schneidet den Faden ab und da sitzt er da« (s. o., S. 26).

Die *Schmeck*-Erzählung bewahrt im wesentlichen die Fabel des Mythos; der Roman konzentriert sich mehr auf das Personal und stellt die Fabel wie in der *Erklärung* auf den Kopf, aber er bewahrt das Personal – wenn auch einerseits übertragen »in einen christlichen Zusammenhang« (s. o., S. 26), andererseits entschieden säkularisiert: Aus den herkulischen Heldentaten des antiken Theseus sind die »Nummern« des »Gauklers«, des »Clowns« geworden. Immerhin ist ihm eine »fast mystische Eigenschaft« geblieben: er »kann durchs Telefon Gerüche wahrnehmen« (S. 19), und wenigstens einmal zeigt er ein »ausgegrabenes Denkmalsgesicht«. Und noch ein gewisses Moment der Verfremdung des antiken Mythos kommt hinzu: Er wird hier quasi gekreuzt mit dem germanischen Nibelungen-Mythos, dessen Motive der Roman mehrfach verwendet und in unterschiedlicher Weise bedeutsam macht:

»Ich hatte dauernd Gunther im Kopf, der Siegfried vorschicken mußte, und dachte an das fürchterliche Nibelungengemetzel, das dieser Sache wegen entstanden war« (S. 57).

»Es kam mir der fürchterliche Gedanke, daß die Katholiken mir die Rolle zugedacht hatten, für sie [Monika Silvs] den Siegfried zu spielen.« (S. 134)

»Oder dachten sie etwa an regelrechte Schlägereien. Solch perverse Varianten der Nibelungensage waren ihnen zuzutrauen.« (S. 248)

Der Zusammenhang von Liebe und Gewalt macht den ›deutschen‹ Mythos geradezu zum Gegenpol des anarchischen Liebesideals. Und Böll nutzt dieses, um jenes auch vom kirchlichen Verständnis abzugrenzen: »›Eigentlich war Brunhild doch Siegfrieds Frau‹ [...] ›Aber verheiratet war er mit Kriemhild, mein Junge‹, und ich war wütend geworden und hatte behauptet, das wäre eine Auslegung, die ich als ›pfäffisch‹ empfände.« (S. 57f).

Noch in der Verfremdung unterstreichen solche mythologischen Motive die Bedeutung der »durchgehenden mythologisch-theologischen Problematik«, wobei in den Fabeln beider Mythen die »zwei Themen« Bölls, »die Liebe und die Religion« zusammenfallen, was sie für Böll zu besonders attraktiven Handlungsmodellen für einen Roman machen mußte.

Selbst noch die Figur des Clowns – »der Artist, der Gaukler, der Künstler« – kommt nach Bölls Aussage aus dem Kontext der mythischen Labyrinth-Fabel, doch natürlich bezieht sie sich in ihrer Ausgestaltung nicht allein auf diesen Ursprungskontext.

»Ich bin ein Clown, offizielle Berufsbezeichnung: Komiker« (S. 14), so stellt Schnier sich vor, und er benennt an verschiedenen Stellen des Textes selbst die unterschiedlichen Zusammenhänge, in denen die Clownsfigur steht:

- »Grock und Chaplin und den Narren in Shakespeares Drama« (S. 124)
- »ich wäre ein guter Pierrot, könnte aber auch ein guter Clown sein« (S. 124)
- »Commedia dell'arte, Komödie, Pantomime« (187).

Damit sind die literarischen Ursprünge der Clowngestalt genannt, Kleists Aufsatz über das Marionettentheater wird ebenfalls im Text erwähnt (S. 185f.). Auch den historischen Ursprung verliert Böll nicht aus den Augen: »im dreizehnten [Jahrhundert] wäre ich ein netter Hofnarr gewesen« (S. 117). Es »kann«, ja es muß wohl nach der Vielzahl solcher Hinweise im Text »der Clown als Figur aus einer langen weltliterarischen Traditionsreihe verstanden werden: als Narr, der einer scheinbar wohlgeordneten Welt den Spiegel vorhält, in dem ihre eigene Verkehrtheit, Narrheit offenkundig wird« (Vogt, S. 81).
Tatsächlich reicht der Traditionszusammenhang vom barocken Spanien über das spätmittelalterliche Deutschland und das elisabethanische England bis zur Gegenwart; von Don Quixote und Ulenspiegel bis zu Oskar Matzerath. Dieser Aspekt der Stofftradition ist unübersehbar und hat bis zum interpretatorischen Nachhilfeunterricht durch Böll selbst die kritische Literatur zum *Clown* am stärksten beschäftigt. Dabei haben Günter Blöcker (zit. nach: Textausgabe 1985, S. 360) und Jost Nolte (in: Die Welt, 11. 5. 1963) gleichzeitig auf einen »Paten« verwiesen: Holden Caulfield, die Hauptfigur in Jerome D. Salingers Roman *Der Fänger im Roggen* (*The Catcher in the Rye*, 1951). Böll hatte diesen Roman übersetzt, was den Kritiker der »Welt« zu Plagiatsvermutungen veranlaßt. Für die Verwandtschaft der beiden Figuren gibt Blöcker (a. a. O., S. 360) die notwendigen Hinweise.

1.5.2 Der Clown auf der Bühne und im Film

Mitte März 1968 erhielt Böll ein Telegramm aus Moskau, das ihm zur erfolgreichen Premiere der Theaterfassung seines Romans gratulierte. Das Telegramm war eine Überraschung für den Autor, der von einem solchen Vorhaben nichts wußte. Dabei hatte der Roman die russischen Leser so sehr fasziniert, daß er zweimal übersetzt wurde: 1964 von P. Rajt-Kovaleva für die Monatsschrift »Inostrannaja literatura« (= Ausländische Literatur) und 1965 für die Moskauer Buchausgabe von L. Černaja. Außerdem hatte es bald danach Bearbeitungen für dramatische Darbietungen gegeben. Henry Glade, der die Böll-Rezeption in der Sowjetunion untersucht hat, schreibt darüber:

»A. Azarin war einer der ersten, die Lesungen veranstalteten, doch die eindrucksvollste Adaption gelang Aleksandr Kutepov. Sein ›literarisches Konzept‹, das auf einer Übersetzung von Rita Rajt-Kovaleva basierte und von B. Morgunov inszeniert wurde, hielt sich eng an den Geist von Bölls Roman. Zwei Stunden lang (mit einer einzigen Pause) folgte das Publikum atemlos Kutepovs einfühlsamer und gut bemessener Darstellung. Eine andere Clowns-Lesung, die des Schauspielers G. Bortnikov vom Mossovet-Theater, fand ein so begeistertes Echo, daß JU. Zavadskij, der kürzlich verstorbene Chefregisseur des Theaters, ihn ermutigte, sie für das Theater einzurichten. In Zusammenarbeit mit dem inzwischen gleichfalls verstorbenen Regisseur B. Nord bearbeitete Bortnikov den Roman für die Bühne und entwarf die Bühnenbilder. Seit März 1968 fungierte er als Ko-Regisseur und Hauptdarsteller in ›Mit den Augen eines Clowns‹, wie der Roman im Russischen betitelt ist.« (Bruhn/Glade, S. 25)

Der eigentlich monologischen Situation des Romans versucht die Bühnenfassung Bortnikovs durch eine Dreiteilung der Bühne gerecht zu werden: »Im Mittelteil spielen sich die Ereignisse ab, die Hans Schnier in [...] Bonn erlebt. Von hier aus telefoniert er mit Darstellern im linken und rechten Teil der Bühne.« (ebd., S. 25f.) Die beiden Akte der Bühnenfassung enthalten nahezu alle Stationen der Erinnerungen Hans Schniers. Die Romanstruktur vereinfachend sind sie hier jedoch chronologisch angeordnet. Nach dem Einzug der Hauptfigur im Clownskostüm, gefolgt von sechs »Unterclowns«, beginnt das Stück mit der Bochum-Szene, in der Schnitzler, Kinkel und Sommerwild in Richtertalaren den Clown verhören. Dann liest der Hauptdarsteller an der Rampe einen langen Auszug aus dem 1. Kapitel des Romans, um dann die Folge der Erinnerungen mit dem jungen Hans Schnier im letzten Kriegsjahr zu beginnen.
Ein bundesdeutscher Beobachter der Moskauer Premiere bestätigte Bortnikov, daß er »für das Charakterbild seines Hans Schnier [...] alle Anregungen aus dem Werk« geschöpft habe (Hermann Pötzgen, in: Frankfurter Allgemeine Zeitung, 17. 4. 1968). Für die sowjetische Literaturkritik war der Roman als beißende Satire gegen »Bonn und die Bonner Republik« interessant, eine Welt, in der eine »schweinische Gesinnung triumphierte« (vgl. Bruhn/Glade, S. 23). Mit stark karikaturenhaften Elementen versuchte das Drama diese Einschätzung wiederzugeben, so etwa, »wenn zur Kennzeichnung der westdeutschen Atmosphäre eine dekolletierte Dame der Gesellschaft ›Auf die Revanche!‹ anstößt« (H. Pörzgen, a. a. O.). Für das Moskauer Publikum war eher die moderne Darstellungsweise und die schon von Lev Kopelew in seiner Rezension von 1963 als »lyrisch« empfundene Liebesgeschichte (vgl. Bruhn/Glade, S. 29) attraktiv.
Am 23. Januar 1970 hatte auch eine deutsche Bühnenversion am Düsseldorfer Schauspielhaus Premiere: Text: Maria und Alfred Radok, der auch Regie führte; Bühnenbild: Joseph Svoboda; Hans Schnier: Wolfgang Reinacher.
Radok übernahm von der Moskauer Fassung die Dreiteilung der Bühne, legte aber im Gegensatz zu Bortnikov das Hauptgewicht der Darstellung auf die Liebeshandlung und ließ die sozialkritischen Aspekte zurücktreten. Böll hat an dieser Theaterbearbeitung beratend mitgewirkt, im Programmheft der Vorstellung aber seine Distanz zu jedem abgeschlossenen, also auch zu diesem Werk bekundet: »erstaunt sehe ich, daß die Bühnendimension mir den Roman noch fremder macht, als ein Roman gewöhnlich einem Autor wird, sobald das Manuskript, schwarz auf weiß gedruckt, der Phantasie anderer überlassen wird« (*Entfernung von der Prosa*, in: E II, S. 448). Mit dem Verzicht auf »historischen Ballast« hat er sich aber ausdrücklich einverstanden erklärt: »es war nicht schwer, auf ihn zu verzichten; bildlich ausgedrückt: ein bißchen Staub war da wegzupusten« (ebd.).
Anfang Januar 1983 gab es in Rom eine italienische Bühnenversion: Text: Mario Moretti; Regisseur und Hauptdarsteller: Flavio Bucci.
Bucci ließ Monika Silvs als Assistentin des Clowns auftreten, um dann sie und einen weiteren Schauspieler nacheinander alle weiteren Figuren verkörpern zu lassen. Sie »rutschten dabei in die bloß dramaturgische Funktion von Stichwortgebern für den Star« (Sabine Heymann, in: Frankfurter Rundschau, 6. 1. 1983).

1984 inszenierte Zbigniew Stok in Zürich eine Bühnenfassung als Ein-Personen-Stück mit Hans J. Ballmann in der Hauptrolle. Ende Januar 1985 wurde diese Inszenierung im Bonner Kultur Forum gezeigt, im Februar 1990 im Berliner Hebbeltheater erfolgte eine Gastspielaufführung. Das »Extrakthafte« dieser Fassung machte »aus einem zeitkritischen Roman phasenweise eine ›nur‹ persönliche Studie« (Bonner Rundschau, 23. 2. 1985). Eine eigene Bühnenfassung brachte Petra Wolko im Juni 1988 auf die Bühne des Theaters »Die Spur« in Karlsruhe. Sie ließ neben Schnier (Peter Möser), seinem Vater, Marie, Monika Silvs auch Schniers Mutter und Henriette auftreten und die Erinnerungen Schniers an das Kriegsende ausspielen. Die Inszenierung wurde in Südwestdeutschland – aber auch bei Gastspielen in Krasnodar und St. Vith (Belgien) sehr positiv aufgenommen.
Hatten die deutschen Bühnenbearbeitungen im wesentlichen eine nur regionale Resonanz, so fand der im Januar 1976 herausgekommene Kinofilm eine beachtliche Aufnahme: *Ansichten eines Clowns* – Drehbuch: Vojtech Jasny und Heinrich Böll; Regie: Vojtech Jasny; Darsteller: Helmut Griem (Schnier), Hanna Schygulla (Marie) u. a.; Verleih: Constantin.
Die nur wenige Monate zuvor mit großem Publikumserfolg angelaufene Verfilmung des Böll-Romans *Die verlorene Ehre der Katharina Blum* sowie die Erinnerung an die Kontroversen um das Buch sicherten dem Film von vornherein eine besondere Beachtung. Die Umstände der Entstehung taten ein übriges: Seit 1969 arbeiteten Jasny und Böll am Drehbuch; erst die achte Fassung wurde realisiert. Seit Mai 1973 wurde über die Dreharbeiten in der Presse berichtet; die Besetzung – auch der Nebenrollen – war ›hochrangig‹, und Prominenz verband auch Kameramann (»Oscar«-Preisträger Walter Lasally) und Ko-Produzent (Maximilian Schell). Dennoch – oder gerade deshalb – überwogen in der Kritik eher die negativen Urteile. Anders als die Bühnenversionen versuchte der Film, die Struktur des Romans, seine wechselnden Zeitebenen aus Erinnerungen, Träumen etc. beizubehalten: »Was Schnier in Selbstgesprächen äußert, [...] findet, wenigstens auszugsweise, im Film in Form einer Gedankenstimme seine Entsprechung. Die Schniers Mentalität und Haltung prägenden Szenen aus der Hitlerzeit erscheinen im Film in Schwarzweiß, abgesetzt gegen die Haupthandlung in Farbe.« (Stuttgarter Zeitung, 16. 1. 1976), so beschreibt der Regisseur sein Konzept. Aber gerade der Versuch, »Ganz wie das Buch« zu sein (Stuttgarter Zeitung, 20. 1. 1976), wurde weitgehend als Verstoß gegen die Filmästhetik kritisiert. Das größte Problem dieses Films war die Unentschiedenheit von Drehbuch und Regie gegenüber den beiden Alternativen für die Behandlung des Romanstoffes: Weder wurde die Auseinandersetzung Hans Schniers mit dem katholischen Milieu als ein *historischer* Konflikt, als ein Stück Geschichte der Bundesrepublik, dargestellt, noch wurde die Möglichkeit genutzt, die »mythische« Problematik, die grundsätzliche Auseinandersetzung also zwischen verwalteter Macht und Liebe, zwischen »Ordnungsprinzipien« und individueller Freiheit, zu gestalten, was einen Verzicht auf die zeitliche Fixierung oder aber eine Aktualisierung erfordert hätte. So läuft die Gesellschaftskritik leer, und die Probleme in der Beziehung Schnier – Marie verlieren an Plausibilität.

2 Wort- und Sachkommentar

(*Ansichten eines Clowns* wird zitiert nach der Ausgabe Köln: Kiepenheuer & Witsch 1985 = KiWi Nr. 86 – mit Seiten- und Zeilenzahl).

9 *Annemarie*: Böll hat den Roman seiner Frau gewidmet.

11 *Sie werden sehen . . .*: Jesaia 52, 15 und Römer 15, 21

15 /11 *Tantum Ergo*: Teil der lateinischen Liturgie, wird zum eucharistischen Segen gesungen. / *Lauretanische Litanei*: nach dem ital. Marien-Wallfahrtsort Loreto benannter Wechselgesang aus Lobpreisungen Marias und dem Gebet um Fürbitte (»ora pro nobis«).

19 /30 *Indolenz*: (lat.) Gleichgültigkeit.

20 /30 *Die Kinder dieser Welt . . .*: Lukas 16, 8: »die Kinder dieser Welt sind untereinander klüger als die Kinder des Lichts«.

25 /11 *Kierkegaard*: Sören K. (1813 – 1855), dän. Theologe und Philosoph. /14 *Picasso*: Pablo P. (1881 – 1973), spanischer Maler. / *Klee*: Paul K. (1879 – 1940), Schweizer Maler. /16 *Thomas von Aquin*: (ca. 1225 – 1274), ital. Dominikaner, Philosoph und Theologe, 1323 heiliggesprochen und 1567 zum Kirchenlehrer erklärt. *Franz von Assisi*: (1182 – 1226), Stifter des der Armut und dem selbstlosen Dienst verpflichteten Franziskanerordens, 1228 heiliggesprochen. /17 *Bonaventura*: Johannes Fidanza B. (ca. 1221 – 1274), ital. Theologe und Philosoph, 1482 heiliggesprochen und 1588 zum Kirchenlehrer erklärt. / *Leo XIII.*: (1810 – 1903), ab 1878 Papst.

33 /29 *Werwolf*: Bezeichnung für die kurz vor Kriegsende von den Nazis geplante Partisanentruppe.

34 /7 *Defätist*: im Ersten Weltkrieg in Frankreich (frz. défaite = Niederlage) geprägter Begriff für Zweifler am schließlichen Sieg.

39 /10 *Anne-Frank-Haus*: das zur Gedenkstätte umgestaltete Haus in der Prinsengracht in Amsterdam, in dem das jüdische Mädchen Anne Frank (1929 – 1945) mit ihrer Familie von Juli 1942 bis August 1945 verborgen lebte und ihr berühmtes Tagebuch schrieb.

43 /23 *Görres*: Joseph G. (1776 – 1848), Publizist und Gelehrter, seine *Christliche Mystik* erschien zwischen 1836 und 1842.

50 /23 *Die schöne Lilofee*: Volkslied norddeutschen Ursprungs aus dem 18. Jh. (»Es freit ein wilder Wassermann«).

59 /6f. *alt genug*: in den 60er Jahren galten noch die seit 1938 bestehenden Eherechtsbestimmungen, wonach ein Mann mit Vollendung des 21. Lebensjahres »ehemündig« wurde, eine Frau mit Vollendung des 16. Lebensjahres.

61 /15 *weißer Sonntag*: 1. Sonntag nach Ostern (nach den weißen Gewändern der in der Osterwoche Getauften).

69 /2 *Strauß*: Franz Josef S. (geb. 1915), zur Zeit des Romangeschehens Bundesverteidigungsminister.

75 /30 *Plazenten*: Plazenta (= Nachgeburt), angeblich hautverjüngende Kosmetikcremes werden aus Plazenten hergestellt.

76 /3 *moralische Aufrüstung*: aus der sog. »Oxfordbewegung« (1933 in England) entstandene christliche Erweckungsbewegung, gegründet von dem amerik. Theologen F. Buchman. /26 *I. R. 9*: Infanterieregiment 9.

88 /2 *Augustin*: Aurelius Augustinus (354 – 430), Kirchenvater und Philosoph. / *Bonaventura*: s. 25/17. / *Cusanus*: Nicolaus C. (ca. 1401 – 1464), dt. Geistlicher und Philosoph.

91 /13 *Papst Johannes*: Johannes XXIII. (geb. 1881), Papst von 1958 bis 1963. / *Alec Guinness*: (geb. 1914) brit. Schauspieler. /18 *Dritter Orden*: Vereinigung von kath. Laien, die sich zur besonderen Pflege der Frömmigkeit Mönchs- bzw. Nonnenorden anschließen, das Klostergelübde ablegen, aber meist außerhalb des Klosters leben. /19 *Skapulier*: (lat.) Schulterkleid, Teil der Ordenstracht (zwei Tuchbahnen, die Brust und Rücken bedecken).

100 /2 *Benn*: Gottfried B. (1886 – 1956), dt. Lyriker.

105 /14 *Marx*: Karl M. (1818 – 1883), Begründer des wissenschaftlichen Sozialismus. / *Guardini*: Romano G. (1885 – 1968), dt. kath. Theologe und Religionsphilosoph. / *Bloy*: Léon B. (1846 – 1917), frz. Schriftsteller und Vorbild der katholischen Literatur der Moderne./*Tolstoi:* Leo Nikolajewitsch Graf T. (1828 – 1910), russ. Schriftsteller.

112 /16 *Laokoon*: Gestalt der griechischen Mythologie und berühmte antike Marmorgruppe; L. wird mit seinen Söhnen von zwei Schlangen erwürgt.

122 /8 *van Gogh*: Vincent v. G. (1853 – 1890), holl. Maler. / *Kafka*: Franz K. (1883 – 1924), deutschspr. Prager Schriftsteller. / *Chaplin*: Charles Spencer (»Charlie«) Ch. (1889 – 1977), engl. Filmschauspieler und Regisseur./ *Beckett*: Samuel B. (1906 – 1989), irischer Dramatiker und Romancier.

123 /7 *Claudel*: Paul C. (1868 – 1955), frz. Lyriker und Dramatiker. /*Ionesco*: Eugène I. (geb. 1912), frz. Dramatiker.

124 /5 *Grock*: eigentl. Adrian Wettach (1880 – 1959), Schweizer Clown und Artist. /17 *Pierrot*: aus der commedia dell'arte, der Stehgreifkomödie, hervorgegangene Typenfigur der frz. Pantomime – ein ängstlich-melancholischer Diener in weißem Kostüm, weiß geschminkt, mit Tellermütze.

132 /18 *katholon*: sprachl. Neubildung, meint etwa die Essenz des Katholischen.

134 /27 *Rilke*: Rainer Maria R. (1875 – 1926), österr. Lyriker und Erzähler. /*Hofmannsthal*: Hugo v. H. (1874 – 1929), österr. Schriftsteller. /*Newman*: John Henry N. (1801 – 1890), engl. Kardinal und Verfasser religiöser Romane.

137 /21f. *Knordenpuppe, Faikenegon*: Diese Worte stammen nicht aus dem Rotwelsch (Gaunersprache).

142 /24 *Alkibiades*: (ca. 450 – 504 v. Chr.), griech. Staatsmann und Feldherr.

151 /16 *Empfängnistabellen*: Tabellen zur Errechnung der unfruchtbaren Tage der Frau nach der »Knaus-Ogino-Methode«.

176 /23 *Narzißmus*: Selbstverliebtheit.

184 /6 das *Pierrotische*: s. 124/17. /7 *Harlekin*: dt. Bezeichnung für die Figur des Arlecchino aus der commedia dell'arte, den in ein buntes Flickengewand gekleideten pfiffigen Diener; Schelm, Narr oder »Hanswurst«.

212 /22 *Tabernakel*: eigentl. Behälter für die Hostie.

220 /4 *Jaqueline Kennedy*: (geb. 1929), Ehefrau des amerik. Präsidenten John F. Kennedy. 1962 hatte Johannes XXIII. sie in Privataudienz empfangen.

235 /5 *Idiosynkrasie*: (gr.) Überempfindlichkeit.

236 /8 *Scheler*: Max S. (1874 – 1928), dt. Philosoph.

288 /20f. *mater amabilis . . .«*: Verse aus der »Lauretanischen Litanei«, s. 15/11.

292 /2 *Adhortation*: (lat.) Ermahnung.

301 /12 *die Kinder dieser Welt . . .:* s. 20/30.

3 Struktur des Textes

3.1 Der Titel

Böll hatte ursprünglich vor, den Roman »Augenblicke« zu nennen (vgl. Bruhn/Glade, S. 28). Das hätte einen der ohnehin im Gedächtnis haftenden Sätze des Textes – »Ich bin ein Clown und sammle Augenblicke« (S. 296) – noch zusätzlich herausgehoben. Der schließlich gewählte Titel mag literarische Assoziationen wekken – von Laurence Sternes *Leben und Meinungen des Herrn Tristram Shandy* (1759) bis zu Friedrich Schlegels *Ansichten und Ideen von der christlichen Kunst* (1823) oder Gotthilf Heinrich Schuberts *Ansichten von der Nachtseite der Naturwissenschaft* (1808) –, es kam Böll aber vor allem darauf an, den in »Augenblicke« enthaltenen Anschein von Objektivität zu vermeiden. Tatsächlich ist der Signalcharakter des Titels trotz der durch die Übersetzung bewirkten Akzentverschiebung dann nur in der Sowjetunion bemerkt worden: »›Mit den Augen eines Clowns‹ ist nicht nur der Titel eines Buches von Heinrich Böll, sondern eine Bezeichnung für sein ganzes Prinzip« (Bruhn/Glade, S. 28), so schrieb ein Moskauer Kritiker. Die Mehrzahl der deutschen Leser beging, wie Böll sich im *Nachwort, 1985* noch einmal beklagt, »den dümmsten aller Fehler, [...] Autor und ›Held‹ *total* zu identifizieren« (S. 411). Dabei betont doch Hans Schnier selber im Gespräch mit Prälat Sommerwild: »Das ist Ihr großer Fehler, Prälat, [...] die Sache ist so subjektiv, wie sie nur sein kann.« (S. 155)

Die subjektive Perspektive des Romans, der in der Tat nur aus »Ansichten« vor dem eingeengten Horizont des Ich-Erzählers besteht, wird durch den Titel angekündigt – allerdings weitgehend vergeblich: »Offenbar ist es schon unzumutbar, das Minimum vorauszusetzen: die jeweils gewählte Optik zu erkennen, sie anzunehmen.« (E II, S. 44)

Die Wahl von »Ansichten« statt »Augenblicke« unterstrich den subjektiven Aspekt und behielt zugleich die optische Metapher bei, die für Böll – das zeigt noch sein Bestehen auf der »Optik« – von besonderer Bedeutung ist. Seit seinem *Bekenntnis zur Trümmerliteratur* (1952) ist das besondere »Auge des Schriftstellers« wiederholt die Metapher Bölls für die spezifische Erkenntnismöglichkeit von Literatur: »ein gutes Auge gehört zum Handwerkszeug des Schriftstellers, ein Auge, gut genug, ihn auch Dinge sehen zu lassen, die in seinem optischen Bereich noch nicht aufgetaucht sind.« (E I, S. 33) Und: »wer Augen hat, zu sehen, für den werden die Dinge durchsichtig – und es müßte ihm möglich werden, sie zu durchschauen, und man kann versuchen, sie mittels der Sprache zu durchschauen, in sie hineinzusehen.« (ebd., S. 34)

»Ansichten« konstatieren eine subjektive, also begrenzte Perspektive, eine Einschränkung des Anspruchs; »Ansichten eines Clowns« heben diese Beschränkung teilweise wieder auf, erweitern den Anspruch sogar; denn der »Clown« Schnier besitzt auch das »gute Auge« des Schriftstellers. Das freilich enthüllt erst der Text.

3.2 Das Motto

»Die werden es sehen, denen von Ihm noch nichts verkündet ward, und die verstehen, die noch nichts vernommen haben.« (S. 11)

Dieses Motto hätte man – so Böll im *Nachwort, 1985* – »getrost als eine Art Schlüssel« zum Roman benutzen können, und ironisch weist er auf die Quelle hin: »Nachzulesen in einem kleinen Buch, das immer noch nicht auf dem Index steht, und zwar im Römerbrief, Kapitel 15, Zeile 20.«
Tatsächlich ist es Zeile 21, und im Text des Romans ist noch dazu die ursprüngliche Fundstelle »Isaias«, genannt (S. 236). Jesaias wie Paulus sprachen von der Bekehrung der Heiden; auch der seltsame Bruder im Konvikt verwendet das Zitat dem »Ungläubigen« Hans Schnier gegenüber als eine Art Trost – freilich ein vertrackter; denn er begleitet das Zitat mit einem »bösartigen« Kichern und der ironisch das Bibelwort aufnehmenden Frage »Haben Sie verstanden?« Es wäre zu einfach, wollte man das Motto als die Ankündigung eines schließlich doch ›christlichen Romans‹ ansehen, aber auch ein ironisches Verständnis als Bekundung des bloßen Gegenteils zielte wohl daneben. Es ist in der Tat mehr an diesem Motto zu »knabbern« (S. 411), wobei der Kontext der Bibelstellen und eine Reihe von Äußerungen Bölls Hilfe zu leisten vermögen. Jesaias wie Paulus werten die »Heiden« gegenüber der Geringschätzung, mit der sie zu ihrer Zeit betrachtet wurden, bewußt auf. Gerade ihnen widmet sich Paulus, und vor allem in ihrer Bekehrung kündigt Jesaias messianisches Wirken an. Diese Haltung gegenüber den ›Abfälligen‹ läßt das Motto plausibel werden; denn »Abfall« und die Haltung der Literatur diesem »Abfall« gegenüber ist, wie schon gesagt, einer der zentralen Gegenstände von Bölls Literatur und literaturtheoretischen Überlegungen, gerade auch im zeitlichen Kontext des Romans: »Die Literatur kann offenbar nur zum Gegenstand wählen, was von der Gesellschaft zum Abfall, als abfällig erklärt wird.« heißt es in den *Frankfurter Vorlesungen* (E II, S. 71) und vom *Bekenntnis zur Trümmerliteratur* bis zu *Gruppenbild mit Dame* ist dies ein zentraler Programmpunkt des Böllschen »Fortschreibungs«-Prozesses.

3.3 Der Text

Die vom Titel angekündigte subjektive Perspektive löst der Text konsequent ein. *Ansichten eines Clowns* ist ein Ich-Roman. Umwelt, Ereignisse, andere Personen existieren nur in dem Maße, wie sie für den Ich-Erzähler von Bedeutung sind. Dazu kommt, daß der Text nur aus einem einzigen epischen Monolog besteht, so daß die Romanwirklichkeit dem Leser nur durch den Filter – die »Optik« – der Ansichten Hans Schniers vermittelt wird. Der Realitätsgrad dieser Wirklichkeit, vor allem derjenige der übrigen Personen, wird noch dadurch verringert, daß Schnier mit dieser Umwelt fast nur telefonischen Kontakt hat und daß sich dabei Träume, Assoziationen, Erinnerungen, die von den Gesprächen ausgelöst und angeregt werden, quasi vor das Gespräch und damit vor die Gesprächspartner schieben. Selbst noch in dem einzigen Sonderfall eines unmittelbaren Gesprächs (zwischen Schnier und seinem Vater) unterbrechen lange Passagen der Erinnerung, ja der Geistesabwesenheit des »Clowns« die Phasen echter Kommunikation. Durch den Kunstgriff, ›Erzählzeit‹ und ›erzählte Zeit‹ übereinstimmen zu lassen – die Romangegenwart umfaßt etwa vier Stunden; ungefähr ebenso lange braucht ein durchschnittlicher Leser für die Lektüre des Textes –, wird die Möglichkeit der Identifikation mit der Sicht des Erzählers auf die Romanhandlung noch zwingender. Das Gerüst dieser Handlung ist leicht zusammenzufassen:

Hans Schnier, Sohn einer rheinischen Industriellenfamilie, die ihren Reichtum dem Besitz von Braunkohlengruben verdankt, verläßt als 21jähriger am Ende der 50er Jahre sein Elternhaus, um mit Marie Derkum, der Tochter eines verarmten Ladeninhabers, zusammenzuleben und seinen Lebensunterhalt als »Clown« zu bestreiten. Als Marie nach einiger Zeit das weder staatlich noch kirchlich legitimierte Zusammenleben nicht mehr erträgt und ihn verläßt, kommt Schnier psychisch, künstlerisch wie auch wirtschaftlich immer weiter herunter und landet schließlich bettelnd auf der Treppe des Bonner Bahnhofs.

Diese Zusammenfassung macht deutlich, daß Böll hier an der Stelle ansetzt, wo einige seiner früheren Romane und Erzählungen mit dem happy ending oder der Idylle endeten, oder wo sie den Leser – z. B. in *Brot der frühen Jahre* oder *Billard um halb zehn* – mit einem ›offenen‹ Schluß sich selbst überließen. Das Konzept einer menschlichen Gemeinschaft, gestaltet als herrschaftsfreies Liebesverhältnis, wird einer Nagelprobe unterzogen, indem es aus dem Schutzraum der Idylle oder der Utopie einer Zukunftserwartung herausgenommen und mit der »labyrinthischen« Wirklichkeit der Gegenwart konfrontiert wird.
Die *Schmeck*-Erzählung, die in so vielfältiger Beziehung zum Roman steht, endet mit einem dort etwas rätselhaften Dialog:

»›[...] Haß ist eine gute Tinte.‹
›Liebe nicht?‹
›Nein‹, sagte Müller, ›Liebe ist die schlechteste Tinte, die es gibt. Fahr los, Gehilfin.‹« (R IV, S. 66)

Die Tinten-Metapher bezieht sich dort auf die Schreibmotivation des Studenten Müller. Aber natürlich geht es auch um die Schreibmotivation des Autors Böll, für den Liebe den einen der überhaupt nur genannten zwei Aspekte seines Schreibens darstellt (s. o., S. 12). Es geht im Roman also tatsächlich um die Frage, ob Liebe »eine gute Tinte« ist; es geht um Bölls altes Thema und zugleich um das Problem seiner literarischen bzw. künstlerischen Darstellung. Die Form des *Clowns* reflektiert das, indem am Beginn die Krise steht, deren Genese retrospektiv betrachtet und berichtet wird. Parallel dazu und selbstverständlich abhängig von diesem Bewußtwerdungsprozeß des »Clowns« entwickeln sich die Vorstellungen und Konzepte für sein gegenwärtiges Handeln und die zukünftigen Absichten. Aus solcher Verschränkung folgt die komplizierte Struktur aus Erinnerungen, Gegenwartshandlungen und Zukunftsprojektionen, die den Roman kennzeichnet – und das bis hinein in die Sprachstruktur. C. A. M. Noble hat dies ausschnittweise untersucht:

»Im fünften Kapitel der *Ansichten* zum Beispiel sind Gegenwartsbeschreibung und Erinnerung, Vorstellung und Ansichten, Aussage und Gespräch, Wirklichkeit und Phantasie so durcheinander gemischt, daß das Montageprinzip kaum mehr überschaubar ist. Ein kurzer Blick auf einige der Verben zeigt, wie die Spielfelder des Bewußtseins in der Clownfigur aus Gegenwartsbewußtsein, diskontinuierlichen Erinnerungen und Vorstellungsflächen aufgefächert wird [sic!]:
›Ich suchte (Erzählung der Vergangenheit) . . . ich hätte Monika gern als erste angerufen (Konjunktiv) . . . unser Verhältnis zueinander ist (Gegenwartsbeschreibung) . . . ich glaube (Ansicht) . . . ich sehe (Vorstellung) . . . Leo nickt (Vergangenheit als Gegenwart)‹« (Noble, S. 160).

Dabei schafft eine durchdachte Gliederung dennoch Ordnung. Der Roman ist in 25 Kapitel gegliedert (mit sehr unterschiedlichem Umfang – zwischen 3 Seiten [Kap. 3, 6, 14, 21] und 43 [Kap. 15]). Die Kapitel markieren jeweils eine deutliche Zäsur – die Anfangssätze sind stets wirkliche Neuansätze, und dennoch scheint die Gliederung zunächst willkürlich; denn in den längeren Kapiteln gibt es zusätzliche Binnenzäsuren, die ähnlich deutlich markiert sind (z. B. S. 190, 199, 206). Trotzdem muß man ein strenges Kompositionsprinzip unterstellen, wie es aus Bölls Arbeitsweise folgt, die er seiner Biografin Christine Gabriele Hoffmann beschrieben hat:

»Nach der ersten Fassung begann die eigentliche Arbeit, die Komposition, die Veränderung. Er zeichnete eine farbige Tabelle, die drei Schichten hatte: eine reale für die Gegenwart, eine Reflexions- und Erinnerungsebene und eine Motivschicht. Die Personen, die in der ersten und zweiten Schicht auftraten, und die Motive hatten ihre eigenen Farbzeichen. [. . .] Sie sind für Böll Erinnerungsstützen, mit denen er bei großen Romanen den Überblick über seine Personen behält, und Kompositionshilfen, mit denen er die Struktur des Romans korrigiert. Zugleich sind sie der spielerische Versuch, Literatur in Malerei umzusetzen. (Ch. G. Hoffmann, S. 103)

Die entsprechende Grafik für den Roman *Gruppenbild mit Dame* ist in dieser Biografie veröffentlicht (Umschlagillustration), für *Ansichten eines Clowns* muß man sich mit einer verbalen Skizze des Aufbaus behelfen:

Kap.	*S.*	*Situation, Thema, Ebene*	*Personen*
1	13 (8 S.)	*Schilderung* der Ankunft in Bonn; Selbstvorstellung, *Beschreibung* von Schniers Zustand	Kostert, Zohnerer, Marie, Monika Silvs
2	22 (5 S.)	*Schilderung* der Ankunft in der Wohnung, *Erinnerung* an den »Kreis fortschrittlicher Katholiken«	Marie, Züpfner, Kinkel
3	27 (3 S.)	*Beschreibung* der von M. Silvs hergerichteten Wohnung, das Telefon als »einzige Waffe«	Marie, Leo, Monika, Kostert
4	30 (7 S.)	*Rückblick auf die Kindheit*, Henriettes Tod, Waffenausbildung der Kinder	Henriette, die Eltern, Kalick, Lehrer Brühl, das Waisenkind Georg

Kap.	*S.*	*Situation, Thema, Ebene*	*Personen*
5	37 (9 S.)	*Schilderung*: Das Telefonverzeichnis wird angelegt, *Reflexion* über »fleischliches Verlangen«, *Anruf bei der Mutter, Erinnerung* an Henriette	die Mutter, Marie, Henriette, Kalick, Georg, Züpfner, Schitzler
6	46 (3 S.)	*Reflexion* des »beruflichen Pechs«, der Alltag des Clowns, *Plan*, »um Marie zu kämpfen«	Zohnerer, Marie, Leo, die Mutter
7	50 (32 S.)	*Erinnerung* an die Liebesnacht mit Marie und die 2 Monate davor, *Reflexion* über die Sprache der Mutter, *Erinnerung* an Leo und Chopin, Anna und das I. R. 9	Marie, ihr Vater, Züpfner, Leo, Anna, die Mutter
8	83 (15 S.)	*Anruf bei der Telefonauskunft*, *Nachdenken* über Bonn, *Anruf im Konvikt, Reflexion* über Katholiken und »das fleischliche Verlangen«, *Erinnerung* an den Priester Behlen, Maries »metaphysischer Schrecken«, die »Ordnungsprinzipien«	Züpfner, Leo, Karl Emonds, der Mönch im Konvikt, Heinrich Behlen, der Boxer Gregory, Marie, Fredebeul
9	99 (19 S.)	*Anruf bei Fredebeul, Erinnerung* an den »Kreis«, in dem Fredebeuls Braut »ausgerichtet« wurde, *Erinnerung* an den Besuch bei Kinkel und den Streit mit Sommerwild, v. Severn, »Konvertit und SPD-Mitglied«, die Besewitz-Anekdote, *Anruf bei Kinkel*, Gespräch über das Sakrament der Ehe	Frau Fredebeul, Kinkel, Sommerwild, Marie, Züpfner, v. Severn, Monika, Kinkels Sohn
10	119 (10 S.)	*Reflexion* über Frauen, Künstler, Filme, Künstler und Feierabend sowie über die künstlerische Methode Schniers, *Erinnerung* an Henriette und ihre »leeren« Augenblicke, *Erinnerung* an die Mensch-ärgere-dich-nicht-Spiele mit Marie	Marie, Henriette, die Mutter
11	130 (15 S.)	*Schilderung* des Wannenbads, *Gedanken* an Marie und Züpfner, Mord*pläne* in bezug auf Sommerwild, *Erinnerung* an Blothert und Monika Silvs im »Kreis«, *Vorstellung* einer »Siegfried-Rolle« bei Monika, *Erinnerung* an die Predigten Sommerwilds, *Anruf von Zohnerer, Gedanken* an Marie in der Badewanne, *Erinnerung* an die Sparsamkeit der Mutter und die »Adelssucht« der Familie	Marie, Züpfner, Sommerwild, Kinkel, Blothert, Monika, Zohnerer, Züpfner, die Eltern, der Großvater, Henriette, Leo

Kap.	*S.*	*Situation, Thema, Ebene*	*Personen*
12	146 (7 S.)	*Erinnerung* an Osnabrück, an die Episode mit dem Schuljungen und an den Besuch der Sittenpolizei	Marie, Karl Emonds
13	154 (12 S.)	*Anruf von Sommerwild, Diskussion* um »Ordnungsprinzipien«, Monogamie, Ehe, *Vision* einer Papstaudienz von Marie und Züpfner, »Küchenarbeit« und »Erwachsenengespräch«	Marie, Züpfner, Sommerwild, Blothert
14	167 (3 S.)	*Vision* des zukünftigen Lebens von Marie und Züpfner	Marie, Züpfner, Blothert
15	170 (43 S.)	*Besuch des Vaters, Erinnerung* an die zwei Fälle des Klingelns an der Tür, *Begegnung* mit der Nachbarin, *Reflexion* über das Training des Clowns, *Gespräch* über Geld und über Schniers Möglichkeiten als Clown, *Erinnerung* an das Leben mit Marie zu Beginn seiner Künstlerzeit, Reaktion der Eltern, die Hilfe durch Behlen und Leo, die Verrechnungsschecks des Großvaters, Fortführung des *Gesprächs* mit dem Vater über eine Unterstützung, *Erinnerung* an den Hunger der Kindheit und das Kontrasterlebnis in der Familie Wieneken. *Erinnerung* an den Streit mit Karl Emonds über Säuglingsernährung, *Reflexion* über »konkretes« und »abstraktes« Geld	die Eltern, Leo, Genneholm, Heinrich Behlen, der Großvater, Marie, Edgar Wieneken, seine Frau, Karl Emonds, seine Frau, Henriette, Bela Brosen, Henriette
16	214 (10 S.)	*Rekapitulation* des Gesprächs, *Anruf bei Bela Brosen*, Versuch einer *Zwischenbilanz, Vision* einer eigenen Papstaudienz, *Reflexion* über Phantasie und Wirklichkeit	Bela Brosen, der Vater Marie, Züpfner, Leo
17	224 (10 S.)	*Situationsbeschreibung* (kein Geld, geschwollenes Knie etc.), Lektüre der Abendzeitung: Verdienstkreuz für Kalick, *Erinnerung* an den »Versöhnungsabend« bei ihm und zugleich an die Aktivitäten Kalicks vor Kriegsende, *Erinnerung* an die Jours fixes der Mutter, Reflexion über »große Sachen«	Marie, die Nachbarin, Kalick, seine Frau, Brühl, die Eltern, Kreisleiter Kierenhahn

Kap.	*S.*	*Situation, Thema, Ebene*	*Personen*
		und »Details«, *Erinnerung* an den Kreisleiter und Martin Derkum, *Vision* von einem erneuten Besuch auf einem jour fixe	
18	234 (7 S.)	*Anruf im Konvikt, Reflexion* über die Wahrheit »realistischer« und »wirklicher« Erlebnisse, *Erinnerung* an Maries Fehlgeburt, an den Hund und die Wahlplakate, an den Streit um »Wahrheit« und »Wirklichkeit« dieses Erlebnisses	Mönch, Leo, Edgar Wieneken, Heinrich Behlen, Marie
19	241 (13 S.)	*Anruf bei Monika Silvs*, Frage nach der Chopin-Mazurka, *Schilderung* der Küchenarbeit, *Erinnerung* an Maries Hände, *Reflexion* über »Frauenhände im Evangelium«, *Erinnerung* an Maries »Bahnhofsmission«, *Vision* von Maries Händen in ihrer Ehe mit Züpfner, *Anruf von Monika, Erinnerung* an Wienekens 100-m-Lauf	Monika, Marie, Kalick, Edgar Wieneken, Frau Wieneken
20	254 (6 S.)	*Anruf von Sabine Emonds, Erinnerung* an die vom katholischen Kinderreichtum verursachten Probleme der Emonds, *Abbruch des Gesprächs* durch den vor der Zelle Wartenden	Sabine und Karl Emonds, der CDU-Wähler vor der Telefonzelle
21	259 (3 S.)	*Reflexion* über das abgebrochene Gespräch und die Situation der Emonds, *Erinnerung* an Kinkels Beschreibung des »Existenzminimums«, *Bilanz*: »Ich besaß keinen Pfennig mehr«	die Emonds, Kinkel
22	262 (11 S.)	*Reflexion* über illusorische Pläne, *Schilderung* der Erfurt-Episode, *Erinnerung* an die Nummer »Der General«, *Vision* der aus Rom zurückgekehrten Marie als »first lady des deutschen Katholizismus«, *Erinnerung* an den Anlaß der Trennung von Marie, *Reflexion* über das Verhältnis der Deutschen zu ihren Kindern	Marie, Züpfner, die Wienekens, Heinrich Behlen, Blothert
23	273 (17 S.)	*Schilderung* der Suche nach der weggeworfenen Mark, *Revue* der verbliebenen Möglichkeiten,	Henriette, Marie, die Mutter, in der Bestattungsvision sämtliche Personen

Kap.	S.	Situation, Thema, Ebene	Personen
		Vision von Maries Zukunft, Schnier *schminkt sich* weiß, wie »ein Toter, der einen Toten spielt«, *Erinnerung* an Maries Kleider, *Erinnerung* an die Verbrennung von Henriettes Sachen, *Plan*, zum Bahnhof zu gehen, der *Gedanke* an Selbstmord wird verworfen, *Vision* der eigenen Beerdigung, *Erinnerung* an Derkums Beerdigung.	
24	290 (7 S.)	*Anruf von Leo, Vision* des »gefallenen Priesters« Behlen	Leo, Heinrich, Behlen, Marie, Wieneken, Züpfner
25	297 (9 S.)	*Vision* eines Gesprächs mit dem Bruder beim jour fixe mit *Erinnerung* an die Kriegszeit, *Reflexion* über das Fernsehen und das »Zeitalter der Prostitution«, *Aufbruch* zum Bahnhof, *Vision* der Parade seiner Bekannten vor dem bettelnden Clown, Schnier auf der Bahnhofstreppe (*Schilderung*).	Leo, Sommerwild, Frau Wieneken, der Vater, alle Bekannten in der Vision vom bettelnden Clown

Die Begriffe »Reflexion«, »Vision«, »Erinnerung« sind in diesem Diagramm bloße Termini für die Aktions- und Erzählweisen des Ich-Erzählers. Von den Personen sind jeweils nur die genannt, die im betreffenden Kapitel tatsächlich agieren, bzw. über die ausführlicher gesprochen wird.

Diese Zusammenstellung hat zwar nicht die optische Übersichtlichkeit der Böllschen Kompositionsgrafiken, doch macht sie – ganz abgesehen von ihrer Brauchbarkeit als Suchhilfe für bestimmte Textpassagen – die Textstruktur leichter erkennbar: So wird deutlich, wie und wo traditionell erzählte Gegenwartshandlung – Ankunft, Baden, Telefonieren, Schminken, Weg zum Bahnhof – umschlägt in den Bewußtseinsstrom von erinnerter Vergangenheit und vorgestellter Zukunft. Das gegenüber den Schwerpunkten der Debatte um den Roman sehr viel breitere Themenspektrum fällt ins Auge, aber auch die Gewichtung der Themen innerhalb des Romans. Schließlich zeigt sich auch die Berechtigung der Kapitelgrenzen: Es handelt sich in jedem Fall um eine abgeschlossene thematische Einheit. Das gilt sowohl für die langen Kapitel 7 und 15, in denen die beiden wichtigsten Teile der Vorgeschichte erinnert werden – Liebesnacht und ›glückliche Frühzeit‹ der Beziehung zu Marie –, wie auch für die kürzeren. Insgesamt ergibt dies in der Tat eine Zusammenstellung von »Augenblicken«, deren epischer Zusammenhang hergestellt wird durch den Erzähler *und* durch die Zeitsprünge, die die Chronologie des Erzählflusses unterbrechen, damit zugleich aber den thematischen Zusammenhang dieser Augenblicke konstituieren. Dies ist der Grund für die Problematik der Film- und Bühnenversionen, die für die Logik der Handlung auf die Chronologie angewiesen waren, da sich *Erzähl*struktur nur dem Leser erschließt.

4 Gedanken und Probleme

Die Schlagwörter der Debatte um die *Ansichten eines Clowns* sollten auch die Gedanken und Probleme bezeichnen können, die der Roman in jeder Hinsicht ›zur Debatte‹ stellt. Die Irritation, die aber selbst schon die zeitgenössischen Beobachter der *Clown*-Diskussion angesichts ungewöhnlicher Frontstellungen und kontroverser Bewertung empfanden, mahnt zur Vorsicht. Wenn schon damals »alles wieder einmal viel komplizierter« (s. o., S. 6) war, so hat die Zwischenzeit die Ursache der Probleme nicht aus der Welt geschafft. Und so ist eine Auflistung unterschiedlicher Bewertungen wie »haßerfülltes antikatholisches Pamphlet« (Katholische Zeitung, Hildesheim, 21. 7. 1963), »schonungslose Abrechnung mit dem Bonner Staat« (Sonntag, Ost-Berlin, 22. 3. 1964) oder »eine der intensivsten Liebesgeschichten der neueren deutschen Literatur« (Vorausinformation des Verlages Kiepenheuer & Witsch an Buchhändler und Rezensenten) und ihrer Beziehungen zu einzelnen Elementen des Textes zwar möglich und auch notwendig; sie muß aber in die Aporie von 1963 zurückführen, wenn nicht zuvor die besondere Erscheinungsform solcher kontrovers beurteilten Wirklichkeitsmomente im Roman geklärt ist.

4.1 Die Wirklichkeit der Poesie: der Künstler und die Realität

Für Böll war es der »dümmste Fehler, [...] Autor und ›Held‹ *total* zu identifizieren« (S. 411), die »Ansichten« des Clowns als Bölls Ansichten mißzuverstehen. Nun ist die Kritik nicht generell in diesen Fehler verfallen; man hat gelegentlich schon erkannt, »daß der Inhalt des Romans nichts anderes sei als die *Ansichten* dieses Mannes, die streng privaten und persönlichen *Meinungen* dieses Clowns über seine Zeit und seine Welt« (Jeziorkowski, S. 170) – d. h., eines der Signale des Titels ist teilweise aufgefangen worden. Aber auch diejenigen, die die subjektive Optik bemerkten, empfanden dieses Subjekt zumeist vor allem als »unrealistisch«: »Man mag einwenden, Böll schildere eine subjektive Wirklichkeit, wie sie sich in der naiven Vorstellung des Clowns spiegele [...]. Aber nicht einmal naiv darf Hans Schnier sein, er findet Kierkegaard ›schwer, aber nicht anstrengend‹, er kennt Newman und die Kirchenväter.« (zit. nach: Textausgabe 1985, S. 360)
Und einige Absätze vorher urteilt der gleiche Rezensent, Rudolf Augstein, »die Welt, an der Schnier leidet, ist nicht wirklich, der Autor hat sie als Potemkinsches Dorf für Schnier aufgebaut, damit er sich an ihr stoße« (ebd., S. 354).
Das ist als Vorwurf gemeint gegen den »Realisten Böll«, der uns mit »jeder seiner Erzählungen [...] ein Kapitel der Nach-Hitler-Zeit nach dem anderen aufgeschrieben« hat, so daß aus »der Summe seiner Geschichten [...] über Jahre *unsere Geschichte* geworden« ist (s. o., S. 13). Der Vorwurf jedoch geht ins Leere, weil Böll entgegen der offenbar unvermeidlichen Etikettierung *kein Realist* gewesen ist – freilich auch kein Phantast! Vielmehr ist Bölls Wirklichkeitsverständnis auf die-

ser Ebene nicht beschreibbar: »Was ist Realismus? Das möchte ich endlich mal wissen. Was heißt das? Ich verwende das Wort auch gelegentlich als Hilfswort, aber ich weiß bis heute nicht, was Realismus ist. Im Grunde ist alles realistisch; denn indem es da ist, ist es wirklich.« (J, S. 153)
Auf Bölls polemisches Bild vom »Regentonnen«-Verständnis der Wirklichkeit wurde schon hingewiesen (s. o., S. 13); da aber doch ganz unzweifelhaft der Roman Elemente aus der Wirklichkeit enthält – Personen (Politiker, der Papst, Schriftsteller etc.) und Ereignisse (der Krieg, Nachkriegszeit, Bundestagswahlen, Konzil) –, ist Bölls Verhältnis zu Realität und Realismus genauer zu betrachten. Er hat sich selbst immer wieder dazu geäußert, ohne daß dies wirklich zur Kenntnis genommen worden wäre: vom zitierten Aufsatz aus dem Jahre 1953, der die Formel enthält »Das Wirkliche *ist* phantastisch« (E I, S. 75), über zahlreiche Essays und Interviews bis hin zu den Vorsprüchen der Romane seit *Gruppenbild mit Dame*, in denen stets von der »sogenannten Wirklichkeit« die Rede ist. Böll weigert sich, den behaupteten – und natürlich allenthalben gesehenen und geglaubten – Gegensatz von Wirklichkeit und Phantasie, von Realität und Fiktion zu akzeptieren: »Das hängt damit zusammen, daß ich bis zum heutigen Tag nicht weiß, welches der Unterschied zwischen Fiction und Nonfiction ist. Weil beide sich mit Sprache ausdrücken. Und wenn ich ein Sachbuch lese, kommt es mir manchmal fiktiver vor als ein Roman. Weil es sich der Sprache bedienen muß, und die ist doch fiktiv oder abstrakt oder zeichenhaft oder bildhaft.« (Die Zeit, 6. 8. 1971) Realität und Fiktionen vermitteln sich in einem Text über die Sprache: »Und wenn einer in einem Roman Wirklichkeitstreue oder Lebensnähe entdeckt, so entdeckt er geschaffene Wirklichkeit und geschaffene Lebensnähe« (E II, S. 54).
Auf dieses Schaffen, auf das *poiein*, kommt es Böll so entschieden an, daß er ihm von den *Frankfurter Vorlesungen* von 1964 ein halbes Kolleg widmet (E II, S. 49 - 54), um an dessen Schluß eine Formel zu prägen, die das Verhältnis von Literatur und Wirklichkeit eigentlich ausführlich genug definiert:

»Ein Autor sucht Ausdruck, er sucht Stil, und da er mit dem schwierigen Geschäft zu tun hat, die Moral des Ausdrucks, des Stils, der Form mit der Moral des Mitgeteilten übereinzubringen, werden Politik und Gesellschaft, ihr Wortschatz, ihre Riten, Mythen, Gebräuche zum vorkommenden, vorhandenen Material. Wenn sich die Politiker und die Gesellschaft gekränkt oder bedroht fühlen, so erkennen sie nicht, daß es dabei immer um mehr als um sie geht. [...] Ein Autor nimmt nicht Wirklichkeit, er hat sie, schafft sie, und die komplizierte Dämonie auch eines vergleichsweise realistischen Romans besteht darin, daß es ganz und gar unwichtig ist, was an Wirklichem in ihn hineingeraten, in ihm verarbeitet, zusammengesetzt, verwandelt sein mag. Wichtig ist, was aus ihm an geschaffener Wirklichkeit herauskommt und wirksam wird.« (ebd., S. 54)

Das war natürlich – ein Jahr nach Erscheinen der *Ansichten eines Clowns* formuliert – unmittelbar an die Teilnehmer der *Clown*-Debatte adressiert, war aber zugleich ein Beitrag zur grundsätzlichen Analyse des Problems, das Böll so sehr beschäftigt hat, daß er 1973 vor dem größtmöglichen Forum, der Weltöffentlichkeit, für seine Nobelpreis-Vorlesung ein entsprechendes Thema wählte: *Versuch über die Vernunft der Poesie*. Er polemisierte auch dort gegen die »Dogmatisierung« der »Formel: entweder Information oder Kunst« (E III, S. 34) und plädiert für einen »Rest von Unberechenbarkeit [...], ist es Poesie, Gott, Widerstand, oder, modischer ausgedrückt, Fiktion«, sogar bei »etwas anscheinend so Rationalem, Berechenbarem wie Brückenbauen oder Brötchenbacken«. Um so mehr gelte dieser »Rest« beim Schreiben:

»Wie aber könnte man erklären, daß da [...] Leben entsteht, Personen, Schicksale, Handlungen – daß da Verkörperung stattfindet auf etwas so Totenblassem wie Papier, wo sich die Vorstellungskraft des Autors mit der des Lesers auf eine bisher unerklärte Weise verbindet, ein Gesamtvorgang, der nicht rekonstruierbar ist, wo selbst die klügste, sensibelste Interpretation immer nur ein mehr oder weniger gelungener Annäherungsversuch bleibt. [...] Es wird immer ein Rest bleiben, mag man ihn Unerklärtheit nennen, Geheimnis meinetwegen, es bleibt und wird bleiben ein wenn auch winziger Bezirk, in den die Vernunft unserer Provenienz nicht eindringt, weil sie auf die bisher nicht geklärte Vernunft der Poesie und der Vorstellungskraft stößt, deren Körperlichkeit so unfaßbar bleibt wie der Körper einer Frau, eines Mannes oder auch eines Tieres.« (ebd., S. 38)

Was aber haben diese theoretischen Äußerungen zu tun mit den *Ansichten eines Clowns* – und wenn sie sich tatsächlich (wie im Fall der *Frankfurter Vorlesungen*) auf diesen Roman beziehen, sind sie dann nicht vielleicht doch nur nachträgliche Erklärungs- oder gar Entschuldigungsversuche?
Die Problematik von ›Wirklichkeit‹, ›Realität‹, ›Wahrheit‹, ›Phantasie‹ wird mehrfach im Roman thematisiert. Die Kindheitsepisode vom durchgesägten – oder nicht durchgesägten – Holzpfahl ist einer der Anlässe. Tatsächlich hatten die Brüder Hans und Leo Schnier das Holz *nicht* durchgesägt, aber: »Immer wieder erliege ich meiner Phantasie« (S. 200) und: »Leo ist in diesem Punkt sehr streng, er nennt mich immer Lügner« (S. 221). Leo vertritt die Tatsachen, er »ist ein Realist« (S. 222) – aber: er hat nur »auf eine sehr unwichtige, dumme Weise Recht« (S. 221). Der Konflikt zwischen Wirklichkeit und Phantasie ist also keineswegs entschieden.
Ähnliches geschieht zwischen Schnier und Marie, als er vom Krankenhausfenster aus einen Hund beobachtet, der sein Bein an einem Wahlplakat hebt:

»ich stritt mich später mit Marie darüber, ob das, was ich sah, *wirklich* passiert war oder nicht. [...] Marie stritt mir, wenn wir später über diese trostlose Nacht sprachen, immer den Hund ab, und wenn sie mir den Hund als ›*wahr*‹ zubilligte, stritt sie ab, daß er gegen das CDU-Plakat gepinkelt hätte. Sie sagte, ich hätte so sehr unter dem Einfluß ihres Vaters gestanden, daß ich, ohne mir der *Lüge oder Verfälschung der Wahrheit* bewußt zu sein, behaupten würde« (S. 239, Hervorhebung von mir, B. B.).

Der Streit ist nicht zu schlichten, obwohl die Fakten klar sind – für die »Realisten«, doch nicht für den Clown Schnier:

»Manchmal weiß ich nicht, ob das, was ich *handgreiflich realistisch* erlebt habe, *wahr* ist, oder das, was ich *wirklich* erlebe. Ich werfe die Dinge durcheinander. Ich hätte nicht schwören können, ob ich den Jungen in Osnabrück gesehen hätte, aber ich hätte geschworen, daß ich mit Leo Holz gesägt hätte.« (S. 237, Hervorhebung von mir, B. B.)

Die Phantasie hat hier für Schnier mehr ›Wirklichkeit‹ als die ›Realität‹, und Böll läßt Hans Schnier ein Resümee ziehen, in dem er nun selbst für die Hervorhebung der Schlüsselbegriffe sorgt:

»Irgendwie muß Marie von diesen ›Lügen‹ erfahren haben, denn sie sah mich immer zweifelnd an, wenn ich ihr etwas erzählte, und diesen Jungen in Osnabrück habe ich sogar *wirklich* gesehen. Manchmal ergeht es mir auch umgekehrt: daß mir das, was ich *wirklich* erlebt habe, als unwahr und nicht real erscheint. [...] Das, was andere nonfiction nennen, kommt mir sehr fiktiv vor.« (S. 223)

Das gilt auch umgekehrt, und damit ist das Verhältnis von fiction und nonfiction nicht einfach nur auf den Kopf gestellt, sondern grundsätzlich problematisch. Wirklichkeit ist alles – oder nichts; doch den unterschiedlichen Möglichkeiten der ›Wirklichkeit‹ gegenüber zeigt Schnier – und darin ist er mit Böll identisch – eine eindeutige Präferenz:

»Ich dachte an Marie, die rosenkranzbetende Nonne, das Wort Diagonale, den Hund, die Wahlplakate, den Autofriedhof – und an meine kalten Hände, nachdem ich das Bettuch ausgewaschen hatte –, und ich hätte das alles doch nicht beschwören können.« (S. 240)

Mehr noch: »wenn ich es erzählte, wars schon geheuchelt« (S. 274). Dagegen hat er »wirklich mit Leo das Holz gesägt« (S. 221). Die erdachte, die phantasierte, die »geschaffene Wirklichkeit« steht für Hans Schnier über der konkreten Realität; das eigentlich Wirkliche ist für ihn auch phantastisch. Böll selbst zeigte in seinem Aufsatz von 1952 zugleich auch den Weg, auf dem sich dieser Widerspruch auflösen läßt: »Das Wirkliche ist phantastisch – aber man muß wissen, daß unsere menschliche Phantasie sich immer innerhalb des Wirklichen bewegt« (E I, S. 75). Scheinbar ist das eine paradoxe Formulierung; ihre Logik erschließt sich jedoch in dem Bild, mit dem im Roman der Clown seine Arbeitsweise beschreibt:

»Am besten gelingt mir die Darstellung alltäglicher Absurditäten: ich beobachte, addiere diese Beobachtungen, potenziere sie und ziehe aus ihnen die Wurzel, aber mit einem anderen Faktor als mit dem ich sie potenziert habe.« (S. 125)

Der Clown haßt es, »ein Bild zu erklären. Entweder versteht man mich oder nicht« (S. 48), aber dieses Bild bedarf kaum einer Erklärung. Der Clown nimmt Elemente der Wirklichkeit als »Material«, das im Prozeß der künstlerischen Verarbeitung verändert, zur »geschaffenen Wirklichkeit« wird, die nicht die Realität ›widerspiegelt‹, sondern wie eine »Röntgenaufnahme« (E I, S. 164) deren Oberfläche durchdringt. Aus diesem Grund sind Fiktion und Wirklichkeit für Böll nicht Gegensätze: »Dichtung ist nicht gleich Unwahrheit. Legende so wenig gleich Lüge wie Mythos. Dichtung ist auch kein Gegensatz zu Geschichtswissenschaft, beide können einander ergänzen, indem sie sich von weit entfernten Standpunkten dem gleichen Gegenstand nähern. [...] Wer die ›poetische Kraft‹ in Gegensatz zur Wirklichkeit stellt, [...] verfällt [...] einem typischen Theologenirrtum.« (E III, S. 32) Diese Aussage ist auf der theoretischen Ebene schlüssig, doch wie soll man sie sich praktisch vorstellen?

Auch für diese Frage ist die bildhafte Umschreibung aussagekräftiger als der Versuch der Analyse, was Bölls These noch zusätzlich stützt. Es wurde oben schon einmal zitiert: »wer Augen hat, zu sehen, für den werden die Dinge durchsichtig – und es müßte ihm möglich werden, [...] sie mittels der Sprache zu durchschauen, in sie hineinzusehen« (s. o., S. 35). Die Sprache ist der ›Röntgenapparat‹ des Schriftstellers. Auf die Sprache ist zuerst zu achten, dann erst auf die Gegenstände, die sie behandelt. Auch das politische und soziale Engagement des Autors, gerade dieses Autors, geht aus von der Sprache; »die Parteien, Interessengruppen, Kirchen« hingegen »entdecken das Engagement fast immer in der falschen Ecke« (E II, S. 43). In seinem Gespräch mit René Wintzen hat Böll 1976 noch einmal ausführlich darzustellen versucht, wie das zu verstehen ist:

»Zunächst einmal glaube ich, daß jeder Schriftsteller [...] durch die Beschäftigung mit der Sprache auf Probleme, Konflikte, Entwicklungen stößt. Der Einstieg ist gar nicht immer das sogenannte Engagement, sondern die Sprache, und mit der Sprache wird das Material geprüft. [...] das ist ein fast chemisch-physikalischer Vorgang. Wenn aber dann bei dieser Prüfung, die sich im Ausdruck niederschlägt, Konflikte auftauchen, alte Ängste auftauchen, verdrängte und verschobene Probleme, dann kommt es möglicherweise zur Attacke. Aber ich glaube nicht, daß die Attacke das Primäre ist, das Primäre ist die Sprache und der Wunsch, ein bestimmtes Problem, eine bestimmte Sache, eine Person darzustellen, ihre Verwicklung, ihre Verstrickung, ihre mögliche Schuld« (E I, S. 507).

Der direkte Schluß von einzelnen Themen, Konflikten oder Personen in Bölls Werk auf die Realität, die Debatte um ihre ›Wahrheit‹, ›Authentizität‹ oder ›Richtigkeit‹ gehen am Kern der Sache und auch am Kern der *Ansichten eines Clowns* vorbei. Das ist zu beachten, wenn man sich den »Gedanken und Problemen«, die der Text aufwirft, auf angemessene Weise stellen will.

Es wäre verfehlt – es *ist* verfehlt, es geschieht ja tatsächlich immer wieder –, in antikatholischen Äußerungen des »Clowns«, in politischen Bemerkungen etc. die kritische Meinung des Autors zu sehen, im Romantext das politische Pamphlet; das wirkliche kritische Potential des Textes steckt tiefer, wirkt auf kompliziertere Weise intensiver – anders wären die »Wogen« um diesen Roman nicht zu begreifen.

Über den »dümmsten aller Fehler« (S. 411) hatte Böll sich bereits im Jahr nach Erscheinen des Romans lustig gemacht. Auch hierin erweist sich das bildhafte Beispiel dem analytischen Begriff überlegen:

»Wenn ich einige Erfahrungen, die ich als Gegenstand der Kritik gesammelt habe, hier an den Mann bringe, dann nur solche, die Allgemeingültigkeit beanspruchen können und sich vom Gegenstand lösen lassen. Ich wähle ein bekanntes Beispiel. Wenn in einem [...] Roman ein Schornsteinfeger vom Dach fällt, aus kompositorischen, dramaturgischen, also ästhetischen Gründen vom Dach fallen *muß* – dann laufen Beschwerden der Schornsteinfegerinnung ein: ein Schornsteinfeger fällt eben nicht vom Dach. Die Proteste, Verärgerungen, Aufregungen gehen eigentlich nie viel tiefer. [...] und es ist nicht die Sache des Autors, der Schornsteinfegerinnung einen Gesamtüberblick über abendländische Ästhetik von Aristoteles bis Brecht zu geben [...] die Schornsteinfeger als solche sind ihm auf eine tödliche Weise gleichgültig.« (E I, S. 42)

Die Realität ist »versteckt« (S. 414) hinter den Wirklichkeitspartikeln, die der geschaffene Text enthält. Und der Vorgang des Versteckens läßt sich nicht mit bloßen Gleichungen wiedergeben. Obwohl mit Begriffen der exakten Naturwissenschaften beschrieben – »chemisch-physikalisch«, »Röntgenaufnahme«, aber auch »potenzieren« und »Wurzel ziehen« –, ist dieser Vorgang dichterischer, ›poetischer‹, Wirklichkeitserfassung gerade kein exakt nachvollziehbares ›technisches‹ Verfahren – nicht nur, weil die »mythologisch-theologische Problematik« als movens dichterischer Existenz sich der ausschließlich rationalen Erfassung entzieht, sondern weil aus Bölls Sicht die eigene »Vernunft der Poesie« im »Rest Unberechenbarkeit«, im »Zwischenraum« angesiedelt ist, wie er es in der Nobelpreis-Vorlesung umschrieb (E III, S. 35). Und so bleibt auch Hans Schnier nur das Bild, als er den gleichen Sachverhalt zu erfassen sucht:

»ein Künstler [kann] gar nicht anders, [...] als machen, was er macht: Bilder malen, als Clown durch die Lande ziehen, Lieder singen, aus Stein oder Granit ›Bleibendes‹ herauszuhauen. Ein Künstler ist wie eine Frau, die gar nicht anders kann als lieben« (S. 136).

Der »Clown« ist hier in die Reihe der anderen Künste gestellt, wobei die Literatur beinahe kokett ausgelassen wurde. Dennoch unterstreicht die Aufzählung, daß die Clown-Rolle stellvertretend steht für den Künstler schlechthin – unter Einschluß des Schriftstellers. Ein Blick auf die Wuppertaler Rede von 1966 verdeutlicht dieses:

»Ein Beispiel: Was die Literatur in schwerem Gang unter schwerem Beschuß immer schon [...] getan hat: Tabus durchbrochen, hat sie getan, nicht etwa, weil sie etwas ›von der Liebe versteht‹, sondern weil sie sie sucht, [...] von der niemals irgendein Staat oder irgendeine Kirche etwas verstanden haben. Staat und Kirchen können nur zwei Möglichkeiten dulden: Ehe oder Prostitution, und in den meisten Fällen ist ihnen die Liebe außerhalb dieser beiden Gehege verdächtig (mit Recht übrigens, denn in der Liebe ist etwas von ihr, über die wir hier sprechen: sie ist frei, geordnet und untröstlich, also Poesie, und Poesie ist Dynamit für alle Ordnungen dieser Welt). [...] listig wie alle Vorausdenkenden muß sie [die Literatur] selbst einen Weg [...] finden, was frei, geordnet und untröstlich, was poetisch an der Liebe ist, möglicherweise auf dem Umweg über die Keuschheit, vor den zerklimperten Freiheiten zu retten.« (E II, S. 231f.)

Es geht also in der Person des Clowns um die Kunst, und wenn von Liebe die Rede ist, geht es auch um die Poesie. »Umwege« und »Verstecke« sind zu beachten – und auch zu bemerken. Vom Künstler schlechthin ist deshalb im Roman auch immer die Rede, »Künstler und Feierabend« (S. 122f.), der Unterschied zwischen »Künstlern« und »künstlerischen Menschen«, »Kunst und Geld« (S. 47) wird angesprochen – alles dies sind Problemstellungen, über die Böll sich auch in Essays und Reden über Kunst und Literatur geäußert hat.

Der Roman gestaltet das Spektrum künstlerischer Möglichkeiten und Probleme in der Zeit. Der Vergleich aber des Künstlers mit der liebenden Frau macht deutlich, daß damit das »einzige Thema«, Liebe, seine Funktion als Ort und Zustand einer herrschaftsfreien menschlichen Gemeinschaft – »dieser romantische Anarchismus« (S. 114) – auch in diesem Roman nicht verloren hat. Das Problem der Verwirklichung solcher Gemeinschaftsutopie innerhalb eines literarischen Werkes, das sich in den Romanen vor *Ansichten eines Clowns* durch eine Reduktion der

Liebeshandlungen andeutete, ist durch die Gestalt des Künstlers Hans Schnier und seiner Liebe zu Marie in den Text hineingetragen worden. Mit dieser Liebe hatte auch seine Künstlerlaufbahn begonnen, mit dem Verlust Maries ist sie – so scheint es – zu Ende: »Ein Künstler ist wie eine Frau, die gar nicht anders kann als lieben, und die auf jeden hergelaufenen männlichen Esel hereinfällt.« (S. 136)

4.2 Die »Moral der Sprache«

Der »Einstieg« sei die Sprache, durch »Beschäftigung mit der Sprache« stoße der Schriftsteller auf Probleme – im Zusammenhang des vorigen Kapitels wurde auf diese Position Bölls verwiesen, weil sie das Verhältnis von ›Wirklichkeit‹ und Phantasie mitdefinierte. Das Insistieren Bölls auf der sprachlichen Bestimmung seiner Arbeiten, auf dem Unterschied zwischen Moral und »Moral der Sprache«, macht eine genauere Betrachtung dieses Problems für das Verständnis von Bölls Werken und auch des *Clowns* notwendig.
Daß der »Einstieg« auch für diesen Roman ein sprachliches Moment war, scheint plausibel, da der gesamte »Plot«, der Labyrinth-Mythos, ja allein auf dem *Namen* der Zeitschrift *Labyrinth* basiert (s. o., S. 26). Daß sprachliche Überlegungen auch im Text selbst eine Rolle spielen, wird erinnerlich sein: Als Schnier von dem Schock berichtet, den die Geliebte seines Vaters für Leo bedeutete, erklärt er:

> »Auch für mich war es ein Schock, aber kein moralischer, ich konnte mir schon vorstellen, daß es schlimm sein mußte, mit meiner Mutter verheiratet zu sein, deren Sanftmut eine I- und E-Sanftmut war. Sie sprach selten einen Satz, in dem ein A, O oder U vorgekommen wäre« (S. 65).

»Ein Ä fällt bei ihr hin und wieder«, sagt er an späterer Stelle (S. 143), was die Bedeutung des Sprachlichen akzentuiert, dieses auch von »Moral« abhebt, gleichwohl eine »Moral der Sprache« nicht erklärt.
Eine andere sprachliche Reflexion im Text führt hier weiter:

> »Für die Deutschen ist ja jeder Junge ein ungezogenes Kind, das nie ausgesprochene Adjektiv ungezogen ist einfach mit dem Substantiv verschmolzen. Würde einer auf die Idee kommen, das Vokabularium, das die meisten Eltern im Gespräch mit ihren Kindern verwenden, einmal zu testen, würde er feststellen, daß das Vokabularium der Bildzeitung, damit verglichen, fast das Wörterbuch der Brüder Grimm wäre. Es wird nicht mehr lange dauern, und deutsche Eltern werden mit ihren Kindern nur noch in der Kalick-Sprache sprechen« (S. 270).

Daß Sprachkritik Gesellschaftskritik ist, oder wenigstens sein kann, weiß man spätestens seit Karl Kraus, und das hier zitierte Beispiel illustriert das gewiß auch. Es zeigt, »wieviel Sprache verraten kann« (E II, S. 184). Diese Formulierung verwendet Böll in seiner Rezension der Adenauer-Memoiren von 1965, auf die sich der Blick richten muß, seit Böll in einem Vorwort zum zweiten Teil der Ausgabe seiner Werke geschrieben hat: »Kluge Leute hätten ohne weiteres herausfinden können, daß die [...] Adenauer-Rezension nicht viel mehr (und auch nicht weniger) war als das publizistische, an der Analyse eines aufschlußreichen Buches aufgehängte Nachwort zur absoluten Humorlosigkeit, mit der – nicht die Kritiker – sondern Kirche und Politik auf die *Ansichten eines Clowns* reagiert hatten« (T, S. 12).

Daß der Vorhalt »Humorlosigkeit« nicht etwa mangelnde Ernsthaftigkeit des Romans behauptet, wird der Blick auf Bölls Humor-Begriff noch zeigen (s. u., S. 72); hier interessiert die Ebene der Beziehung zweier so ungleicher Texte, die erkennbar wird in drei Sätzen der Rezension:

»Warum mußte ein so unpoetischer Politiker, der sich in einem Staat, in einer ganzen Epoche ausdrücken konnte, auch noch versuchen, sich in Sprache auszudrücken.
Ich hoffe, auch Philologen und Philosophen, vor allem aber Hirten und Oberhirten aller Konfessionen werden sich spornstreichs zu dieser Quelle begeben, um unmittelbar zu schmecken, welche Sprache, wes Geistes Kind der ist, den zu wählen, wieder- und wiederzuwählen sie uns so eifrig aufgefordert haben.« (E II, S. 178)
»Es ist viel Niedertracht in diesem Buch, und es bedurfte wohl des letzten Restes von Menschenverachtung, auch der allerletzten Verachtung unserer Sprache, es zu publizieren, nicht ahnend, wie viel Sprache verraten kann.« (ebd., S. 184)

Der schon angesprochene letzte Satz setzt Menschen- und Sprachverachtung gleich und legitimiert damit das Verfahren, Inhaltskritik als Sprachkritik zu betreiben. Wenn man genauer hinschaut, ist hier sogar das Vergehen gegen die Sprache gravierender verurteilt – »letzter Rest« – »allerletzter Rest«. Der zweite Satz verteilt die Gewichte ähnlich, wenn er Sprache vor »Geist« stellt, und beide Sätze explizieren damit im Grunde nur das, was der erste ins Bild faßt, indem er die allgemein akzeptierte Rangordnung von bloßem politischem *Reden* und eigentlichem politischem *Handeln* auf den Kopf stellt: ein »Politiker, der sich in einem Staat, in einer ganzen Epoche *ausdrücken* konnte«. Das Plädoyer für die Wirklichkeit der Poesie, für die eigenständige Erkenntnisfunktion der Sprache, bezieht auch den »unpoetischen« Bereich der Politik mit ein. Insofern »verrät« Sprache nicht nur etwas, weil sich die Wirklichkeit in ihr widerspiegelt, sondern weil sie ein konstitutiver Teil der Wirklichkeit ist:

»es herrschen merkwürdige Vorstellungen von Realismus in diesem Land, als wäre ein Wort so platt und so gängig wie ein Groschen, wo doch jedes Kind spätestens am ersten Schultag erfährt, daß es kein vertrautes Gelände der Sprache gibt, daß es nicht einmal das Wort Gottes so nehmen darf, wie es ist: Politik wird mit Worten gemacht, Wissenschaft drückt sich in Worten aus, Religion verkündet sich in Worten, von denen keins so platt und gängig genommen werden kann wie ein Groschen, der in den nächsten Schlitz paßt.« (E II, S. 45f.)

Natürlich fällt es schwer, dies *nicht* als metaphorische Redeweise zu verstehen, und damit den Sinn zu verfehlen. Aber wenn Böll etwa »das Wort Befehl« vor Gericht stellt (ebd., S. 52), wenn er ein »Wort wie ein *Sozialpaket*« untersuchen lassen will (ebd., S. 38), dann ist das, so schwer es auch fällt, *wörtlich* zu nehmen: Das »Sprachgelände« überprüfen, heißt für Böll tatsächlich das »soziale Terrain« zu untersuchen (ebd., S. 57) – und das nicht etwa nur auf der Ebene von Symptomen. Böll zitiert 1976 in einer Rezension den sowjetischen Dichter Brodskij,

»Sprache ist etwas viel Älteres und Unvermeidlicheres als der Staat« (E III, S. 393), und 16 Jahre davor hatte er selbst ähnliches geradezu emphatisch formuliert:

»Die Sprache ist ein Geschenk Gottes, eines der größten, denn Gott hat sich, wenn er sich offenbarte, immer der Sprache bedient; die Sprache ist dem, der schreibt, wie eine Geliebte, die zahllose Gaben bereithält: Regen und Sonne, Rose und Dynamit, Waffe und Bruder ist sie, und in jedem Wort ist etwas immer enthalten, wenn auch unsichtbar, unhörbar: Tod – denn alles Geschriebene ist gegen den Tod angeschrieben.« (E I, S. 327)

Der im »wahrsten Sinne des Wortes bloße Inhalt« eines Textes, der selbst noch »geradezu verfälscht« wird, »in dem man ihn nackt läßt« (E I, S. 393), gibt für Böll die Wirklichkeit nicht wieder, da sie – zumindest ein wesentlicher Aspekt von ihr – allein in der Sprache ›wirklich‹ vorhanden ist. Deshalb wendet Böll sich gegen »zuviel Inhaltsanalyse«, ist der »Inhalt einer Prosa« für ihn »geschenkt« (E II, S. 38). Es sind *Worte*, die für ihn am wichtigsten sind und die er in seinen Romanen »verbirgt«, Worte, die zu »Widerhaken« oder geistigem »Explosivstoff« (»Dynamit«!) werden können und dann »plötzlich Erkenntnis« bringen

Nun sind solche Worte in den *Ansichten eines Clowns* gar nicht so schwer zu finden, denn Böll hat sie eher hervorgehoben als verborgen, indem er sie, mit Anführungszeichen versehen, als sprachliche Probleme, als Problem*worte* herausstellte: »fleischliches Verlangen« und »die Sache«. Sie bezeichnen mit dem Sexualakt scheinbar das gleiche und entstammen doch völlig verschiedenen »Sprachgeländen«:

»Ich litt auf eine kaum noch erträgliche Weise unter dem, was in Maries religiösen Büchern irrtümlich als ›fleischliches Verlangen‹ bezeichnet wird. [...] wenn in diesen religiösen Büchern stünde: Verlangen nach einer Frau, so wäre das schon grob genug, aber einige Stufen besser als ›fleischliches Verlangen‹. Ich kenne nichts Fleischliches außer Metzgerläden.« (S. 38)
»Baden ist fast so gut wie schlafen, wie schlafen fast so gut ist wie ›die Sache‹ tun. Marie hat es so genannt, und ich denke immer in ihren Worten daran.« (S. 130)

Es stehen Maries *Worte* gegen die Worte in ihren »religiösen Büchern«; das freilich verschämt, ja prüde wirkende »die Sache«, gegen das Vokabular des »Metzgerladens«. Doch der Gegensatz prüde – grob faßt den Kern der Sache nicht, wie sich an der Schlüsselszene für diesen Sprachkomplex, dem Gespräch Schnier – Sommerwild zeigt:

»›Verflucht noch mal, Prälat‹, sagte ich, ›der Vorgang, der zur Zeugung eines Kindes führt, ist eine ziemlich drastische Sache – wir können uns auch [...] über den Klapperstorch unterhalten. Alles, was über diese drastische Sache gesagt, gepredigt und gelehrt wird, ist Heuchelei. Ihr haltet im Grunde eures Herzens diese Sache für eine aus Notwehr gegen die Natur in der Ehe legitimierte Schweinerei – oder macht euch Illusionen und trennt das Körperliche von dem, was außerdem zur Sache gehört – aber gerade das, was außerdem dazu gehört, ist das Komplizierteste. [...] Ihr behandelt diese Sache wie eine Sylvesterrakete – und sie ist Dynamit.‹« (S. 16)

Es geht Schnier hier um einen *Begriff* von Liebe, der nicht »die sogenannte körperliche Liebe und [...] die andere Liebe« voneinander trennt (S. 57). Man kann sich

streiten, ob das Ergebnis dieser Begriffssuche befriedigt, Böll selbst befriedigte es nicht, was sowohl das *Nachwort, 1985* erkennen läßt, wo er mit »eine[r] Art von Keuschheit« (S. 414) einen neuen Formulierungsversuch für diesen Bereich unternimmt, als auch sein vorletzter Roman *Fürsorgliche Belagerung*, wo er das noch gründlicher versucht.
In der sprachlichen Auseinandersetzung zeigt sich die Verbindung von »Moral« und »Moral der Sprache«, hier muß sich auch die »Kongruenz« von »Moral und Ästhetik« (E II, S. 72) erweisen. Vom »sprachlichen Einstieg« her wird »das Material, Staat, Gesellschaft geprüft« (E I, S. 507). Zwischen der »in der Ehe legitimierten Schweinerei« und der »Sache« versinnlicht sich Bölls Thema »Liebe und Religion« in diesem Roman.

4.3 »Die Leiden des jungen Schnier«* – Resignation oder Perspektive?

Wie Andreas in *Der Zug war pünktlich* oder Fendrich in *Das Brot der frühen Jahre* erlebt Schnier die Liebe zu Marie als überwältigendes Ereignis, das ihn veranlaßt, aus dem bisherigen Leben ›auszusteigen‹. Das Ereignis ist so irrational und eigentlich nicht mehr begründbar wie stets in Bölls Werk: »Ich war einundzwanzig, sie neunzehn, als ich eines Abends einfach auf ihr Zimmer ging, um mit ihr die Sachen zu tun, die Mann und Frau miteinander tun.« (S. 50) Dabei spielt sexuelle Begierde in diesem Augenblick – und auch das galt schon für Andreas und Olina, für Fendrich und Hedwig – überhaupt keine Rolle: »Das Überraschendste für mich war, daß ich vom ›fleischlichen Verlangen‹ nicht das geringste spürte.« (S. 54) Auch Marie handelt in der gleichen selbstsicheren Irrationalität:

»Sie war so erschrocken, daß ich gar nichts zu sagen brauchte, und sie wußte genau, was ich wollte. ›Geh‹, sagte sie, aber sie sagte es automatisch, ich wußte ja, daß sie es sagen mußte [...], aber schon als sie ›Geh‹ zu mir sagte, und nicht ›Gehen Sie‹, war die Sache entschieden. Es lag soviel Zärtlichkeit in dem winzigen Wort, daß ich dachte, sie würde für ein Leben ausreichen.« (S. 55)

Eine solche Lebensgemeinschaft in Zärtlichkeit, ohne Machtanspruch und Institutionalisierung war in den frühen Werken stets zugleich Anlaß und Ausdruck der Verweigerung gegenüber den Ansprüchen der Gesellschaft. Auch hierin folgt der *Clown* dem bekannten Muster. Allerdings hat die Flucht aus dem »Milieu« hier nicht mehr die Funktion einer ›offenen‹, also auch optimistischen Schlußperspektive, weil eben die ›Zeit danach‹ den überwiegenden Teil der Handlung ausmacht. Darin gerade liegt der Charakter des Romans als einer ›Nagelprobe‹ auf das bisherige Konzept Bölls.
Bei diesem Realitätstest der Utopie wird zuerst der idyllische Fluchtraumcharakter solchen Liebesverhältnisses in Frage gestellt:

---

* Überschrift einer Rezension von Wolf Donner, in: Die Zeit, 23. 1. 1976 (s. u., S. 89).

> »Ich wäre am liebsten hier geblieben und hätte bis an mein Lebensende Bonbons und Sütterlinhefte verkauft, mich abends mit Marie ins Bett gelegt und bei ihr geschlafen. [...] Ich fand es furchtbar und großartig, diesen Alltag mit Kaffeetopf und Brötchen.« (S. 68)

Doch dies kommt als Existenzmöglichkeit nicht in Betracht; Weltflucht ist nicht praktikabel. Das gilt auch für alle anderen Versuche, sich zu verkriechen. Hans Schnier verkriecht sich ja ständig und das buchstäblich: ins Bett, in die Badewanne. Und das gilt auch für die ja immerhin denkbare Alternative einer proletarischen Existenz:

> »Zu Hause erwarteten sie, daß ich einen heroischen Lebenslauf beginnen würde: in eine Fabrik gehen oder auf den Bau. [...] Aber ich machte nicht die geringste Anstrengung, aus dieser Vorstellung ein lebendes Bild zu machen. Ich blieb bei Marie. [...] Ich fühlte mich als ›Künstler‹.« (S. 191f.)

Wieder also wird Liebe und Kunst in Beziehung zueinander gesetzt, und ebenso, wie die Beziehung zu Marie zerbricht, bricht auch der Clown als Künstler buchstäblich zusammen: Ariadne hat Theseus im Labyrinth sitzenlassen; der Schluß, der vereinsamte, zerschundene, bettelnde Clown, erscheint als ein Bild absoluter Resignation. Wenn Schnier auch »zögerte, an Selbstmord zu denken« (S. 285), so hat er doch »das Gesicht eines Selbstmörders«, und die weiße Schminke wird zur Maske »eines Toten« (S. 277). Der Gedanke an Werther, von Wolf Donner in seiner Rezension der Film-Version allerdings eher aperçuhaft formuliert, scheint nicht so unberechtigt: hier wie dort die »sensible Künstlernatur« (S. 284), die schließlich an unglücklicher Liebe zerbricht. Daß im Falle Schniers genau dies geschehen sei, ist Gemeinplatz der Kritiken und literaturwissenschaftlichen Äußerungen zum *Clown*; die Bewertungen dieser Interpretationen gehen allerdings auseinander, reichen vom Vorwurf des Schwundes »eines [...] Perspektiveansatzes« (Bernhard, S. 299) und der Behauptung »problematisches Bekenntnis zum Nichts« (Neue deutsche Literatur 1964, H. 1, S. 140) bis zum nachdrücklich zustimmenden »Zum erstenmal geht er in die tragische Konsequenz« (zit. nach: Textausgabe 1985, S. 360). Doch die Prämisse dieser Urteile ist fragwürdig!
Bereits auf den ersten Seiten des Romans berichtet Schnier: »Ich lag auf dem Bett in einem Zustand, den ich mir manchmal für das Ende meiner Tage erhoffte: betrunken und wie in der Gosse.« (S. 17) Ironie wäre anzunehmen, würde »die Gosse« von da an nicht geradezu zu einem Leitmotiv. Die »Gosse« als Metapher des letzten Stadiums menschlichen Heruntergekommenseins korrespondiert auch in der Herkunft des Begriffes mit dem des »Abfalls« und der »Abfälligkeit«, den Böll, wie beschrieben, von 1964 an immer wieder verwendet, um den Aufgabenbereich von Literatur zu kennzeichnen. Die »Gosse« ist nach dem Verständnis Bölls nicht das gemeinsprachliche Negativum; am unteren Ende seiner Wertungsskala steht vielmehr das »geruchslose« Ideal von Schniers Mutter: »Jemand, der nicht mehr riecht [...], lebt eigentlich nicht mehr.« (E I, S. 412) Und so macht sich Hans Schnier auch gar nicht so resigniert oder gar verzweifelt auf den Weg zum Bahnhof: »Die wenigen Töne taten mir wohl. Als ich anfing zu singen, fühlte ich mich fast wohl. [...] Die Sache gefiel mir.« (S. 288)

Das biblische Motto wird von solchem Verständnis des Roman-Endes erst in seiner von Böll behaupteten »Schlüssel«-Funktion verständlich. Es dokumentiert das Gegenteil von Resignation. Der Text selbst stützt die These; Schnier kennzeichnet sein »berufliches Pech« als bewußte Strategie:

»Tatsächlich war ich in Bochum mehr oder weniger absichtlich ausgerutscht« (S. 37); und noch deutlicher:
»Man hätte meinen können, meine Marionettenfäden wären gerissen; im Gegenteil: ich hatte sie fest in der Hand und sah mich da liegen, [...] hörte im Saal das mitleidige Raunen und kam mir gemein vor: ich hatte soviel Mitleid gar nicht verdient [...]. Ich wollte Marie zurückhaben und hatte angefangen zu kämpfen, auf meine Weise.« (S. 49)

»Mit der Guitarre in der Hand, den offenen Hut neben« sich, will Schnier »auf den Zug aus Rom warten« (S. 288), auf Marie: »Wenn Marie mich so sah und es dann über sich brachte, ihm [Züpfner] die Wachsflecken aus seiner Malteserritteruniform rauszubügeln – dann war sie tot, und wir waren geschieden.« (S. 302)
Diese – wenn auch nicht Gewißheit, aber doch – Zuversicht gründet sich auf eine Eigenschaft, die Schnier Marie und allen Frauen, die nicht »tot« sind wie seine Mutter, zuschreibt: Barmherzigkeit. Barmherzigkeit ist eine Mischung aus religiösen – aus diesem Bereich stammt der Begriff schließlich – und sexuellen Elementen. Ausschließlich in diesem Zusammenhang ist im *Clown* davon die Rede: Daß in herrschaftlichen Häusern die Zimmer der Dienstmädchen neben den Zimmern der heranwachsenden Jungen lagen, ist »eine uralte Spekulation auf die Natur und die Barmherzigkeit« (S. 60). Eine Kategorie Frauen beschreibt Schnier, »die nicht Huren und nicht Ehefrauen sind«: »die barmherzigen Frauen« (S. 120), »eine Frau, die es nicht für Geld und nicht aus Leidenschaft für den Mann tut, nur aus Barmherzigkeit mit der männlichen Natur« (S. 121). Barmherzigkeit ist eine Verbindung von Eros und Caritas – auch dies eine von Böll im »Fortschreibungsprozeß« über lange Zeit entwickelte Vorstellung: Schon bei der Mirzowa in der Erzählung *Im Tal der donnernden Hufe* (1957) ist solche Barmherzigkeit zu finden, und nach dem *Clown* wird sie in *Gruppenbild mit Dame* in der Gestalt Margrets verkörpert, die ebenfalls zu der »Kategorie von Frauen« gehört, die nicht Huren und nicht Ehefrauen sind, »die barmherzigen Frauen« (R V, S. 141). Sexualität und transzendentes, ja religiöses Moment der Liebe weigert sich Hans Schnier zu trennen – »ich sagte, daß ich alles, was ich über die sogenannte körperliche Liebe und über die andere Liebe gelesen hätte, für Unsinn hielte. Ich konnte das nicht voneinander trennen.« (S. 56f.) –, und der Kirche wirft er im Gespräch mit Sommerwild vor: »Ihr [...] macht euch Illusionen und trennt das Körperliche von dem, was außerdem noch zu der Sache gehört – aber gerade das, was außerdem noch zu der Sache gehört, ist das Komplizierteste.« (S. 160)
Auch diese Äußerung enthält die eigentümliche Sprachgebung für das Sexuelle, »die Sache«. »Marie hat es so genannt« (S. 130), und es ist Zeichen für die gestörte Beziehung, wenn sie plötzlich »nicht einmal« merkt, »daß ›Sache‹ für uns eine bestimmte Bedeutung hat« (S. 94).
»Die Sache« steht auch sprachlich gegen den »Eros der Grausamkeit« und den

»Machiavellismus des Sexuellen«, von denen Kalick gesprochen hatte: »Wenn ich an seinen Sexualmachiavellismus dachte, hatte ich Mitleid mit den Huren, zu denen er ging, wie ich Mitleid mit den Ehefrauen hatte, die irgendeinem Unhold vertraglich verpflichtet waren.« (S. 233) Die »Sache« hingegen konstituiert ein anderes Verhältnis, wobei der Frau und ihrer »Barmherzigkeit« eine besondere Rolle zufällt: »Kein Theologe ist je auf die Idee gekommen, über Frauenhände im Evangelium zu predigen: Veronika, Magdalene, Marie und Martha – lauter Frauenhände im Evangelium, die Christus Zärtlichkeiten erwiesen.« (S. 244)

Hier deutet sich die Vorstellung von einer »Theologie der Zärtlichkeit« an, die Böll 1975 forderte (J, S. 393) und die das anarchische Prinzip zwischenmenschlicher Gemeinschaft auf die Religion übertrug. Zugleich beschreibt das natürlich ein Frauenbild, das mit dem der Lotte im *Werther* nicht übereinstimmt (auch von hieraus ist der Vergleich unzulässig). Böll stellt die Frau weit nach oben – bis zur Forderung nach einer ›feministischen‹ Bibellektüre – und betrachtet sie dennoch nur in ihrer Funktion für den Mann, ohne zu bemerken, daß er sie damit sogleich wieder ein gutes Stück herabsetzt. Hier ist sicher noch ein Element traditionellen Katholizismus wirksam, der Marienverehrung zu verbinden vermag mit der Reduktion der Frauenrolle auf die »Gehilfin« des Mannes (1. Mose 2,18 und *Keine Träne um Schmeck*!). Von der Position der neuen Frauenbewegung aus ist das mit einiger Berechtigung, wenn auch mit überzogenen Argumenten kritisiert worden:

»In diesem Roman erkennt Böll zwar, daß eine Trennung der Machtbereiche zwischen Männern und Frauen besteht; und die Männer haben mit der politischen und gesellschaftlichen Macht, die ihnen naturgemäß zuzustehen scheint, Zustände geschaffen, denen Böll äußerst kritisch gegenüber steht; dennoch macht er sich letztlich wenig Gedanken über das dieser grundlegenden Trennung innewohnende Unrecht. Im Gegenteil, Böll idealisiert die untergeordnete Rolle, die der Frau zudiktiert worden ist: Die Männer haben Anteil an der Macht im öffentlichen Leben; die Frauen spenden Trost, sind gütig und großherzig (wenn die Männer es ihnen gestatten). Böll scheint die Abhängigkeit, die die traditionelle Rollenverteilung zwischen Mann und Frau für die Frau bedeutet, völlig außer acht zu lassen. Sogar eine gegenseitige Abhängigkeit, so wie er sie sieht, ist kaum ein fairer Ausgleich, wenn nur der Mann wirklich unabhängig handeln kann, weil er die wirtschaftliche Macht hat.« (Beck, S. 63)

Böll hat selbst zugegeben, daß er sich »eigentlich für das Thema Emanzipation jetzt im politisch-aktuellen Sinne nicht erwärmen« konnte (J, S. 543). Doch ist dies vor allem die Konsequenz aus seinem anarchischen Sozialkonzept, das nicht Aufteilung von Macht oder »gegenseitiger Abhängigkeit« verlangt, sondern Herrschaft und damit Abhängigkeit abschaffen will.

Und in Richtung auf dieses Ziel sieht er die Frau – auch in ihrer traditionellen Rolle – dem Mann ein Stück Wegs vorangeschritten: »Ich glaube einfach, daß Frauen ein weniger komplexes und weniger kompliziertes und weniger intellektuelles Verhältnis zu sich selber, zu ihrem Körper und zur Natur haben. Und das macht sie freier und befreiungsfähiger. Aber nicht weniger wichtig ist, glaube ich, die Lächerlichkeit des Mannes.« (ebd., S. 542)

Dieses Frauenbild ist auch in den späteren Romanen zu finden, verstärkt seit *Gruppenbild mit Dame* (1971); von diesem Roman an stehen stets Frauen im Mittelpunkt der Handlung. Bei dieser Entwicklung differenziert sich zwangsläufig der »Gehilfinnen«-Charakter der Frau – vor allem in *Fürsorgliche Belagerung* –, der für *Ansichten eines Clowns* allein das dennoch hoffnungsvolle Ende möglich macht.

Hoffnung, vielleicht sogar Gewißheit, haben einen ausschließlich zukunftsweisenden Aspekt, insofern bedeutet der *Clown* gerade nicht einen »Schwund« an Perspektive, sondern der Schluß des Romans erfüllt die Essenz des Begriffs: Perspektive – Zukunftsaussicht. Das anarchische Konzept ist nicht aufgegeben, sondern eher noch radikalisiert, indem der Clown nacheinander *sämtliche* Möglichkeiten einer sozialen Einbindung abweist: vom »Busen der evangelischen Kirche« (S. 274) über die »katholische Karte« (S. 275), die »alten Knacker« seines Großvaters bis zur »Sache, an die Edgar Wieneken glaubte« (S. 277). Der programmatische Satz aus *Entfernung von der Truppe* ist hier, ein Jahr zuvor, schon in Handlung umgesetzt: »daß Menschwerdung dann beginnt, wenn einer sich von der jeweiligen Truppe entfernt« (s. o., S. 16).

Was dort zur Handlungsanweisung »von der Truppe entfernt studieren« führt (R IV, S. 317), hat im *Clown* eine ganz ähnliche Konsequenz: »Nirgendwo ist ein Professioneller besser versteckt als unter Amateuren.« (S. 304)

Wie Schmölders, der Held von *Entfernung von der Truppe*, geht der Anarchist Schnier gleichsam in soziale Quarantäne – in der Hoffnung, mit der Wiedergewinnung der Partnerin auch die anarchische *Gemeinschaft* wiederherstellen zu können.

Warum aber ist Marie noch nicht so weit, obwohl doch aus Bölls Sicht die Frau »freier und befreiungsfähiger« ist?

4.4 Die Ehe – zwischen Sakrament und »Ordnungsprinzipien«

Das auf den Labyrinth-Mythos gegründete Handlungsgerüst, der »mythische Plot«, wie Böll sagt, gibt das Ende natürlich vor, und so ist es Marie allerdings verwehrt, Schniers Grad von »Menschwerdung« ebenso zu erreichen, wie das andere Frauengestalten (Leni in *Gruppenbild*, Helga in *Fürsorgliche Belagerung*) durchaus vermögen. Ein »kompositorisches« Moment bildet auch hier den »Einstieg« (vgl. *Frankfurter Vorlesungen*, E II, S. 42), das »Material« jedoch kommt aus der Wirklichkeit, und so gestaltet Böll das Liebesverhältnis in dem Spannungsfeld, in das die soziale Wirklichkeit der 60er Jahre es zwangsläufig stellte, und das darüber hinaus für Böll den wichtigsten Konfliktstoff bereitstellte, der eine fiktive Handlung überhaupt in Gang bringt:

»wenn Sie einen Roman, eine Erzählung schreiben, die von einer Liebesgeschichte getragen wird, muß es Belastung und Spannung und Konflikt geben. Den üblichen Konflikt, das sogenannte Dreieck, finde ich langweilig. [...] Wenn Sie das genau analysieren, [die] Beziehung der Frauen in meinen Romanen, dann sind das eigentlich alles Arten des Zusammenlebens, die nicht rechtlich verankert sind. [...] Ich glaube, daß es ein Irrtum war oder ist,

Dinge wie Erotik, Sexualität, Liebe, auch Ehe zu verrechtlichen. Sie so zu verankern, daß der eine ein Recht auf den anderen hat.« (J, S. 550)

Einem möglichen Mißverständnis gerade aus heutiger Sicht hat Böll in seinem *Nachwort, 1985* vorgebaut: »Es wird weder ›Konkubinat‹ propagiert noch Promiskuität« (S. 414), denn der Roman sei »ein Eheroman, fast dem Bibelwort entsprechend: Was Gott zusammengeführt hat, soll der Mensch nicht trennen« (ebd.). Wie im Nachwort, so setzt sich Böll auch im Roman mit dem Kern dieser Fragestellung auseinander, schreibt sozusagen konzentriert ›zur Sache‹. Zugleich besitzt die Fragestellung einen über sich hinausweisenden Aspekt, so wie die Figur des »Clowns« pars pro toto steht.

Wie konzentriert er ›zur Sache‹ schreibt, macht das Faktum deutlich, daß er Hans Schnier eine selbständige theologische Argumentation entwickeln läßt: »Der Nichtkatholik Hans Schnier [...] reklamiert [...] eine theologisch unanfechtbare Interpretation des Ehesakramentes für sich. Zum erstenmal wird hier im Erzählwerk Bölls um eine theologische Auffassung gekämpft.« (Hengst, S. 107) Schniers Argument:

»›soweit ich unterrichtet bin, spenden sich nach katholischer Auffassung die Eheleute gegenseitig das Sakrament?‹
›Natürlich‹, sagte er.
›Und wenn sie doppelt und dreifach standesamtlich und kirchlich verheiratet sind und spenden sich das Sakrament nicht – ist die Ehe nicht existent.‹« (S. 115)

Das ist nicht von ungefähr ein Kernthema im Böllschen »Fortschreibungsprozeß«, weil die beiden Aspekte seines »Themas«, Liebe und Religion (vgl. o., S. 12), hierin zusammentreffen und die transzendente, jedenfalls nicht rationale, Bindungskraft von »Gemeinschaft« damit verknüpft ist. Das Problem kommt im *Clown* vor allem durch die Formulierung von Paradoxien zum Ausdruck:

– »›Eigentlich war Brunhild doch Siegfrieds Frau‹, und der hatte gelächelt und gesagt: ›Aber verheiratet war er mit Kriemhild, mein Junge‹« (S. 57f.).
– »Wenn man einen Mann liebt, in Worten einen, kann man doch nur seinen meinen, den angetrauten.« (S. 249)

In dem Hörspiel *Hausfriedensbruch*, das wie die meisten seiner Hörspiele ein durchgeführtes Gedankenexperiment ist, hat Böll 1969 das Problem und seine paradoxen Konsequenzen bis ans Ende weitergedacht. »Ich bin verheiratet, aber nicht mit meiner Frau« (T, S. 505), so beschreibt dort der Rechtsanwalt Merkens seine Situation, und er ist es auch, der die theologische Argumentation Schniers weiterverfolgt:

»Ich finde viel rechtlich Interessantes, aber eine Definition des Sakraments Ehe habe ich noch nicht gefunden, außer der einen: Was Gott verbunden hat, soll der Mensch nicht trennen, und: Sie werden ein Fleisch sein. Aber Zweifel daran, daß die kirchliche Trauung die Verbindung durch Gott ist, habe ich noch nicht entdeckt. Es ist das einzige Sakrament, dessen Spendung die Kirche nicht in der Hand hat, sie verwaltet nur seine Rechtlichkeit. [...] Die Frage also: Wo findet die Verbindung durch Gott statt, wodurch und wie kann die Kirche ein Sakrament verwalten, dessen Gegenstand sie gar nicht in der Hand und von dessen Natur sie gar keine Vorstellung hat; ist sie also nur die Verwalterin einer *gesellschaftlichen* Ordnung, oder [...].« (ebd., S. 529)

Im Hörspiel erhält die Position, die auf dem Sakrament beharrt, schließlich sogar noch Recht, wodurch Sakrament und »Rechtlichkeit« übereinstimmen. Doch das wird in der Fiktion des Spiels selbst nicht Wirklichkeit, denn: »Millionen Ehefrauen und Ehemänner, die Partner derer, die mit *meinem* Argument kämen und mit diesem Argument durchkämen – sie würden verraten und verkauft auf der Straße stehen.« (ebd., S. 536)
Die »Verratenen« wären in der Tat – das zeigt sich noch jetzt in den Änderungsdebatten um das erneuerte Scheidungsrecht – die Frauen, vor allem die Frauen. Auch dessen ist Böll sich bewußt: »So wie sich das in puncto Ehe entwickelt hat, sind die Frauen fast auf diese Verrechtlichung angewiesen.« (J, S. 551) Die soziale Quarantäne, die sich der Clown Schnier als Künstler erlauben kann (»Wer mit [...] Kunst zu tun hat, braucht keinen Staat«, E II, S. 230), ist Marie als Frau nicht zuzumuten. Das verlangte die *Verwirklichung* einer Gesellschaftsordnung, die sich der »Clown« erst erhofft. Auch das hat Böll theoretisch reflektiert:

»Ich denke mir, daß da ganz neue Formen entstehen müssen, die natürlich für die Frauen nicht belastend sein dürfen, weil sie auch eine rechtliche Sicherung brauchen. Vor allem müßte der Unterschied zwischen ehelichen und unehelichen Kindern aufgehoben werden. Ich könnte mir denken, daß ein unverheiratetes Zusammenleben die Menschen mehr bindet als eine Ehe, weil diese Pflicht und die rechtliche Institutionalisierung eines Vorgangs wie Beischlaf: ich hab ein Recht darauf, du hast ein Recht darauf, zu absurd ist, um wirklich zu tragen.« (J, S. 551)

Der Roman wird solchen Überlegungen insofern gerecht, als Marie trotz entsprechender Polemik Schniers nicht nur willenlos den ›Verführungskünsten‹ des Kreises folgt: »die Erkenntnis war schlimm. Marie war weggegangen, und sie hatten sie natürlich mit offenen Armen aufgenommen, aber wenn sie hätte bei mir bleiben wollen, hätte sie keiner zwingen können zu gehen.« (S. 157) Diese Einsicht des »Clowns« bleibt jedoch – anders als im späteren Hörspiel – ohne Folgen: Er setzt weiter auf die Barmherzigkeit der Frau, die »gar nicht anders kann als lieben, und die auf jeden hergelaufenen männlichen Esel hereinfällt« (S. 136). Das macht im übrigen die Distanz noch einmal ganz deutlich, die zwischen dem Autor Böll und seiner Figur besteht. Auch Schnier hat Anteil an der von Böll kritisierten »Lächerlichkeit des Mannes«. Der überzogene Charakter der feministischen Kritik am Roman wird hier noch einmal sichtbar.
Die Polemik gegen »Ordnungsprinzipien« ist aber nicht das Plädoyer für Unordnung. Auch die anarchische Gemeinschaft kennt – braucht – Ordnung. Bereits in dem Roman *Haus ohne Hüter* ist eine sehr differenzierte Auseinandersetzung mit den verschiedenen Aspekten von »Ordnung« enthalten. Diese nimmt Böll hier wieder auf. Für seine Kunst ist Schnier auf eine minuziöse Ordnung angewiesen – seine Bewegungen sind »nur durch Genauigkeit gerechtfertigt« (S. 15), es handelt sich um »exakt einstudierte Lässigkeit« (S. 13). In seinem Leben – Wohnung, Eßgewohnheiten, Kleidung – und Zusammenleben herrscht dagegen ein Maß von

›Unordnung‹, das auch »Gemeinschaft« nicht mehr praktikabel macht. Insofern stehen sich »verrechtlichte«, in »Ordnungsprinzipien« eingezwängte Ehe und die chaotische Form von Schniers Vorstellung und Praxis antithetisch gegenüber; eine vernünftige Synthese – eine »Diagonale zwischen Gesetz und Barmherzigkeit« (S. 238) nennt es Marie, was bei Schnier auf Unverständnis stößt – ist bestenfalls in die Zukunft verlegt. In den späteren Romanen, vor allem in *Gruppenbild mit Dame* und *Fürsorgliche Belagerung* ist Böll der Gestaltung eines solchen Zustandes nähergekommen, ohne freilich letzte Gültigkeit zu erreichen. Auch theoretisch war sie für ihn nur als Formulierung unaufgelöster Gegensätze möglich: »geordnet und geformt, in Unordnung gebracht oder deformiert – nicht eingeordnet und formiert. Das ist es, was die Gesellschaft mit ihr [der Kunst] unternimmt: einordnen und formieren.« (E II, S. 228)

Diese Passage aus der dritten Wuppertaler Rede Bölls (*Die Freiheit der Kunst*, 1966) unterstreicht im übrigen den behaupteten Verweisungscharakter der Eheproblematik im *Clown*, der im Roman ohnedies klar zutage tritt: Die Kritik der »Verrechtlichung« in der Ehe betrifft gleichermaßen kirchliche *und* staatliche Ordnungsprinzipien: »Es muß ja in diesen Ehen unhold zugehen, wenn eine Frau von Staat und Kirche zu dieser Sache vertraglich verpflichtet ist« (S. 225), und Schniers Weigerung zu heiraten, folgt nicht auf die schriftliche Verpflichtung, eventuelle Kinder katholisch erziehen zu lassen, die er zu geben bereit ist, sondern auf die – vom ihm so verstandene – Zumutung einer standesamtlichen Trauung. Wenn Marie ihm darauf entgegenhält: »Das tust du jetzt nur aus Faulheit, und nicht, weil du von der Berechtigung abstrakter Ordnungsprinzipien überzeugt bist« (S. 93), so ist einsichtig, daß mit dieser Formulierung über Kirchen- und staatliches Eherecht hinaus auf Einordnungen und »Formierungen« jeglicher Art verwiesen wird, wie sie in *Entfernung von der Truppe* in dem zitierten ironischen Katalog (s. o., S. 16) aufgezählt werden.

»*Abstrakte* Ordnungs*prinzipien*« schaffen nicht Ordnung zwischen Menschen, sondern sie gehen über diese hinweg: »Sie sagte, es ginge jetzt nicht mehr um sie und mich, sondern um die ›Ordnung‹« (S. 93). Abstrakte Ordnungsprinzipien sind verantwortlich für das Phänomen der Entfremdung im menschlichen Leben, das für jeden nach der Kindheit beginnt: »im Leben eines Kindes hat das Banale Größe, es ist fremd, ohne Ordnung, immer tragisch. Auch ein Kind hat nie Feierabend als Kind; erst, wenn die ›Ordnungsprinzipien‹ angenommen werden, fängt der Feierabend an.« (S. 126)

»Ordnungsprinzipien« sind das Code-Wort für alles, was die nicht formierte, wenn auch geordnete, anarchische Gemeinschaft verhindert, und als solches taucht auch dieser Begriff in leitmotivischer Funktion immer wieder auf – gelegentlich auf charakteristische Weise variiert: »*Recht* und *Gesetz*« (S. 160), »Das Recht! Das Gesetz! Das Dogma!« (S. 164) Die Kirche ist nur eine der Institutionen, die von abstrakten Ordnungsprinzipien konstituiert werden; im Roman ist sie freilich exemplarisch dafür.

4.5 »Literarischer Antikatholizismus«

»[D]as Labyrinth [...] ist der politische deutsche Katholizismus« (J, S. 159). Es hätte gar nicht der Hinweise Bölls auf die Entstehungsgeschichte des Romans bedurft (s. o., S. 26), um den Widerspruch der kirchlichen Institutionen hervorzurufen, an denen solcherart ein Exempel statuiert worden war. Wenn auf der ersten Seite – »Züpfner, diesen Katholiken« – Katholik offenbar zum Schimpfwort wird, und wenn sich Blütenlesen wie: »Katholiken machen mich nervös, weil sie unfair sind« (S. 117), »keiner von euch ekelhaften Katholiken« (S. 115), »Es ist grauenhaft, was in den Köpfen von Katholiken vor sich geht« (S. 48), ohne langes Suchen herstellen und erweitern lassen, sind diese Reaktionen natürlich nicht überraschend – Böll war aber dennoch überrascht:

»Wenn ein Poet [...] durch eine nächtliche Straße spazierengehend, plötzlich den Drang verspürt, Poetisches – *poiein* hier im Sinne von ausführen – anzurichten, und die Muse flüstert ihm ein, [...] drei Steine aufzuheben und in die nächstbesten Fensterscheiben zu werfen [...], dann wird er sich nicht wundern, wenn die also in ihrer Nachtruhe Gestörten die Fenster öffnen [...], um ihm mindestens ein »Na, na« oder Gröberes [...] nachzurufen. Wundern muß er sich, wenn ihm dann gleich Mordabsichten, Vergewaltigung, Einbruch, Brandstiftung, Raub oder gar Staatsgefährdung unterschoben werden.« (E II, S. 51)

Böll hatte – wieder einmal vergeblich – auf die Unterscheidung von Wirklichkeitsmaterial und geschaffener Wirklichkeit gehofft.
Doch auch ohne diese Differenzierung ist die Behauptung eines »antikatholischen Pamphlets« (Kath. Kirchenzeitung, Hildesheim, 21. 7. 1963) niemals angemessen gewesen; denn dem Katalog überzogener antikatholischer »Ansichten« ließe sich ebenso leicht ein entsprechendes Verzeichnis gegenteiliger Äußerungen gegenüberstellen: Sabine Emonds ist »auf eine viel nettere Art katholisch« (S. 259), die »vier richtigen Katholiken«, den Papst, Marie, Alec Guinness und den Boxer Gregory, schätzt der Clown, er hilft sogar, obwohl Agnostiker, als Meßdiener aus, findet »Züpfner [...] als Katholiken glaubwürdig« und »Marie auf eine so natürliche Weise katholisch, daß ich ihr diese Natur zu erhalten sann« (S. 269). Eine gegenseitige Aufrechnung beider Kataloge wäre natürlich müßig, ergäbe auch keine Bilanz, denn die Bezeichnung »katholisch« benennt nur scheinbar Homogenes, und so sind die widersprüchlichen Urteile gleichermaßen ›richtig‹. Bereits Amery sprach von den unterschiedlichen »Katholizismen« (Textausgabe, S. 389), und ein paar Jahre später ging Norbert Greinacher noch weiter: »Die Katholiken stellen also ein Kontinuum dar zwischen traditioneller Orthodoxie und erklärtem Atheismus.« (zit. nach: Hengst, S. 99)
Auf diesem Spektrum steckt Schnier den Bereich ab, der auch für ihn, obwohl »keiner Kirche steuerpflichtig« (S. 14), ein *notwendiges* religiöses Element enthält, und grenzt aus, was dagegen als Verkörperung des »Milieus« oder »abstrakter Ordnungsprinzipien« anzugreifen ist. Hinter dieser Auswahl steht auch der Autor, und so sind ihre Prinzipien und Ergebnisse nicht neu und im Gesamtwerk vielfach verankert. Hans Schnier bringt sie auf die Formel eines scheinbar unsinnigen Liedtextes, den er auf der Bahnhofstreppe singt:

»Der arme Papst Johannes, hört nicht die CDU, er ist nicht Müllers Esel, er will nicht Müllers Kuh« (S. 302).

Armut, keine Verquickung mit Parteipolitik, weder Subjekt noch Objekt außerreligiöser Interessen sein – das verkörpert der Papst Johannes XXIII., keineswegs jedoch »die Kirche«. Dieser Gegensatz ist kennzeichnend für sämtliche Beispiele der Auseinandersetzung Bölls mit diesem Thema; im *Clown* ist dies allerdings auf einen Höhepunkt geführt. Heinz Hengst hat das knapp und überzeugend dargestellt:

»Der ›Clown‹ ist Höhe und Kristallisationspunkt aller Zusammenhänge, in die Böll vorher schon das Phänomen Katholizismus stellte. Das gesellschaftlich arrivierte Milieu, in dem die Vertreter der Kirche mit Vorliebe agieren, wird in einer Weise entlarvt, die an gesellschaftlicher Konkretion weit über vorherige Schilderungen hinausgeht. Das hängt auch damit zusammen, daß Schnier, der Sohn eines Großindustriellen, sich in diesen Punkten auskennt. Die Reduktion religiös-moralischer Fragen auf Fragen des Geschmacks, die Verschmelzung von Kirche und säkularer Kultur, das geschlossene Votieren der Kirche in Fragen der Literatur, die Sucht der Katholiken, um jeden Preis Proselyten zu machen, die gesellschaftliche Beziehung der Kirche zum Großkapital, die Bagatellisierung der Armut durch katholische Funktionäre stehen als weitgehend aus den vorherigen Werken bekannte Beispiele für eine totale Formierung der Gesellschaft.« (Hengst, S. 107)

Dagegen stellt Böll stets ein auf die evangelische Botschaft konzentriertes Christentum als das auch von Amery der Wirklichkeit anklagend entgegengehaltene Ideal. Figuren wie der »Bauernpriester« (*Und sagte kein einziges Wort*), der »zu oft« die Bergpredigt zitierende Enders (*Billard um halb zehn*), verkörpern diese Gegenposition, deren quasi »urchristliche« Grundlage in den zahlreichen Abhandlungen zum Thema ›Böll und die Religion‹ häufig genug umschrieben wurde. Die »vier richtigen Katholiken« des *Clowns* gehören zu dieser Tradition. Das »richtig« war jedoch offenbar eine zu wenig plakative sprachliche Abgrenzung, sonst wäre der pauschale Antikatholizismusvorwurf unterblieben. So war es allein der *evangelische* »Buchberater Göttingen« (Nr. 4, 1963), der zu Recht erkannte: »wahre Religion wird nie angegriffen«. Im *Nachwort, 1985* unterscheidet Böll daher auch deutlicher zwischen den »ungefähr 26 Millionen deutscher Katholiken« (S. 411) und dem »Verbandskatholizismus« (S. 413), bzw. den »Demonstrativ-C-isten« (S. 415). In seinem Theaterstück *Ein Schluck Erde* (1961) hatte er für die Seite der »richtigen« Katholiken die verfremdete Bezeichnung »Kresten« eingeführt. Für den *Clown* wäre ein genaueres Lesen notwendig gewesen, um zu erkennen, daß es sich um ein Buch handelt, das trotz der agnostischen Hauptfigur nicht antikatholisch, sondern eher »zu fromm« (Carl Amery, vgl. S. 411) ist. Auch dafür ist das biblische Motto ein lange unerkannt gebliebener Schlüssel.

4.6 Die »schonungslose Abrechnung mit dem Bonner Staat«*

Der »Verbandskatholizismus« ist nur ein Aspekt des »politischen deutschen Katholizismus«, in dessen Labyrinth sich der »Clown« verstrickt, der »politische« wäre der wichtigere. Er ist auch durchaus sichtbar, wenngleich er keineswegs im Zentrum steht. Politische Macht als Kennzeichen des Klerikalismus wird eher en passant gestreift, wenn Sommerwild mit seinen Predigten einen teilweisen Boykott des Ladens vom alten Derkum erreicht, oder in dem Gedankenexperiment einer fiktiven Henriette, die nicht »an diesem Kitsch mitgemacht hätte, mit Flirts und Parties und ›Am Christentum festhalten‹, in Komitees herumhocken und ›zu denen von der SPD besonders nett sein, sonst bekommen sie noch mehr Komplexe‹« (S. 212), oder auch in ironischen Randbemerkungen wie »hier [...] in Bonn, war ein konvertierter Schnier, der sogar Priester wurde, ja fast geeignet, die Börsenkurse zu festigen« (S. 297).

Gemessen an der massiven Klerikalismus-Kritik etwa Amerys, erscheint diejenige des *Clowns* jedoch als relativ »harmlos«, zumal Schnier sogar zugesteht, daß die »Begriffe« Politiker und führende Katholiken »so ganz identisch [...] noch nicht« sind (S. 250). Auch die thematisch über den Klerikalismus in Bonn hinausgehende Kritik an den politischen Verhältnissen liegt auf ähnlichem Niveau: Da färbt von der ironischen Behandlung der »schwachsinnigen« Schlagzeile »Strauß: mit voller Konsequenz« auch etwas auf die Person des damaligen Verteidigungsministers ab; da ist es für den jungen Schnier »deprimierend einfach«, Adenauer oder Erhard zu imitieren; da erscheint Bonn als eine Stadt, die man »übertrieben« hat (S. 84), und da »pinkelt« schließlich ein »streunender Hund« gegen ein CDU-Plakat, weil die »Stupidität« des SPD-Slogans »Schenk Dein Vertrauen der SPD« sich »geradezu genial« ausnimmt »gegen den Stumpfsinn, [...] einfach WÄHLT CDU auf ein Plakat zu drucken« (S. 239). Solche Bemerkungen haben etwa die gleiche politische Durchschlagskraft wie die nicht verwirklichte Absicht des jungen Schnier, ein Ministerauto anzukratzen (S. 79). Politische Systemkritik enthält eigentlich nur die Erfurt-Episode, die, wie der Ost-Berliner »Sonntag« schrieb, nicht den »Bonner Staat« trifft, sondern die DDR – und das offenbar gleich so erschütternd, daß *Ansichten eines Clowns* als einziger der Romane Bölls dort nicht erscheinen konnte.

Trotzdem hat Böll natürlich recht, wenn er sagt, daß in diesem Buch »viel versteckt [ist] von der Geschichte der Bundesrepublik« (S. 414), »versteckt« in der geschaffenen Wirklichkeit, nicht in dokumentarisch ausgebreiteten Fakten. Diese »geschaffene Wirklichkeit« ist für Böll offensichtlich »wichtiger« (s. o., S. 44), weil wirksamer. Jochen Vogt hat Bölls Vorgehensweise überzeugend beschrieben:

»Sozialer und epischer Ort für die Entfaltung [...] der politischen Thematik ist Schniers elterliche *Familie*. Sie ist ein Machtzentrum der westdeutschen Nachkriegsgesellschaft,

---

* S. Hochmuth, in: Sonntag (Berlin/DDR), 22. 3. 1964.

repräsentiert selbst ökonomische Macht (Schwerindustrie) und steht in ständigem Kontakt mit den Repräsentanten und dienstbaren Ideologen anderer Machtgruppen: der staatstragenden Partei und der katholischen Kirche. So wird sie zum Ort der Gesellschaftssatire. Andererseits aber ist die Familie Schnier geeignet, die erzählerische Analyse auch historisch zu vertiefen, was vor allem durch Hans Schniers erinnernde Rückgriffe auf seine Kindheit unter der Herrschaft des Faschismus geleistet wird. Daß die alten Nazis sich zu neuen Opportunisten und Demokraten gemausert haben, ist ein Thema aus ›Billard um halbzehn‹, das hier wieder aufgenommen wird. [...] Auffällig ist, daß der Erzähler solche Wandlung besonders scharf seinen Eltern, in erster Linie seiner Mutter, vorwirft.« (Vogt, S. 85)

Der »epische Ort« ist zwar, ›die bundesdeutsche Nachkriegsgesellschaft‹, aber sie ist in konkretisierter Form »versinnlicht«, wie Böll sagen würde. Die »großen Sachen« (S. 229) bleiben daher ebenso abstrakt, wie die »Ordnungsprinzipien«; das »Geheimnis des Schreckens [liegt] im Detail« (S. 229).
Vogt zitiert den Dialog zwischen Schnier und seiner Mutter am Telefon (»›Das kannst du wohl nie vergessen, wie?‹ ich war selbst nahe am Weinen und sagte leise: ›Vergessen? Sollte ich das, Mama?‹« [S. 41]) und weist darauf hin, daß dies die Stichworte sind, »mit denen ein zentraler sozialpsychologischer Mechanismus getroffen wird. Frau Schniers Verhalten ist typisch für ›den Sprung, den so viele vom Gestern ins Heute taten. Es war eine blitzartige Wandlung, die man nicht jedermann so mühelos zugetraut hätte‹« (Vogt, S. 86). Vogt greift hier zurück auf die Studie Alexander und Margarete Mitscherlichs *Die Unfähigkeit zu trauern* aus dem Jahre 1967. Unter Verwendung der dort entwickelten Beschreibungsmuster für die »Verleugnungsarbeit« der Deutschen nach dem Krieg vermag Vogt zu begründen, warum Schnier »als Querulant stigmatisiert wird«: weil er »*stellvertretend* die Trauerarbeit übernimmt«; er ist »geradezu ›geschlagen‹ mit Erinnerung, und zwar [...] mit einer konkreten, bildhaften Erinnerung« (Vogt, S. 86).
In der Konkretion und Bildhaftigkeit der Fiktion wird der »Bonner Staat« und das Verdrängungssyndrom der Nachkriegsgesellschaft mindestens ebenso überzeugend – aber ungleich leichter verständlich – erfaßt wie in der sozialpsychologischen Studie.
Die Konstruktion der Familie Schnier ermöglicht eine weitgehende Personalisierung der deutschen »Unfähigkeit zu trauern«; ihre prägende Kraft auf Hansens Bruder exemplifiziert zudem ihre weiterhin schädliche Fruchtbarkeit, und wo das familiäre Personal nicht ausreicht, komplettiert Böll das Spektrum durch Freunde und Bekannte, um im »Detail« den Schrecken der »Großen Sachen« im eigentlichen Sinne des Wortes ›begreifbar‹ zu machen. Analytisch gemeinte Begriffe wie »unbewältigte Vergangenheit« stehen immer in Gefahr, zu Worthülsen zu werden oder zu Gemeinplätzen, die den einzelnen nicht ›betreffen‹, also auch nicht ›betroffen‹ machen. Figuren wie der Lehrer Brühl – »jetzt alt, weißhaarig, Professor an einer Pädagogischen Akademie und [...] Mann mit ›tapferer politischer Vergangenheit‹« (S. 31) – oder Schnitzler, ohne den das Auswärtige Amt »gar nicht mehr auskommen kann« (S. 44), vor allem aber Kalick, der das Bundesverdienstkreuz bekommt (S. 225), stellen dagegen Beziehungen her zu verbreiteten konkreten Erfahrungen. Es war nicht zuletzt Bölls und Hochhuths Insistieren auf

individueller Verantwortlichkeit und persönlicher Verschuldung, das nach 1963 das öffentliche Bewußtsein für die Erblast der Nazizeit wiederherstellte. Die Wirkung spricht *für* das Verfahren, wobei die Vorwürfe der »Unglaubwürdigkeit« und »Unfairness« ebenso Symptome solcher Wirkung sind wie die pauschale »Pinscher«-Beschimpfung der Autoren durch den Bundeskanzler Ludwig Erhard. Aus dem Umkreis der Betroffenen wird solche Wirkung natürlich nicht als ein Verdienst betrachtet. Es gibt aber auch Kritik aus ganz anderer Richtung: So wurde Böll gerade vorgeworfen, er erneuere mit solchen Personalisierungen den »Mythos« des intakten Individuums und stoße, da er sich an Personen und Personengeschichten orientiere, nirgends zu wirklicher Systemkritik vor (vgl. Nägele, S. 157). Im speziellen Fall des *Clowns* ist allerdings unschwer zu erkennen, daß hier über das Mittel der personalen »Versinnlichung« hinaus sehr wohl auch das Prinzip oder »System« getroffen wird. Jochen Vogt hat darauf hingewiesen, daß Böll »gesellschaftliche Zustände und Mißstände vorab zum Gegenstand individuellen Interesses, Mißtrauens und Zorns werden. Es sind aber höchstens die jeweiligen Anlässe von zufälliger Art, nie die Probleme, die sich dahinter verbergen. Sie stehen durchweg im Zusammenhang mit dem Grundzug der gesellschaftlichen Entwicklung: mit der Rekonstruktion des Kapitalismus in Westdeutschland.« (Vogt, S. 76)

Das eben gilt auch für *Ansichten eines Clowns*. Böll drückt hier sein Mißtrauen und seinen Zorn nicht auf dem Wege sozialhistorischer Analyse aus, sondern mit literarischen Mitteln, d. h. mit dem Mittel der Sprache. Es geht um Geld, »das ewige Geld« – ein Begriff mit normalerweise eindeutiger und höchst konkreter Bedeutung. Böll zeigt, wie wenig eindeutig dieser Begriff ist, z. B. im Gespräch des »Clowns« mit seinem Vater, dem »fast siebzigjährigen Kapitalisten«, der aber »überraschend flott und fortschrittlich« wirkt: »Ich verstehe schon, daß sie ihn in alle Diskussionen schicken, bei denen es um Geld geht.« (S. 173) Ihm, der im Fernsehen »dauernd über Geld« redet (S. 181), gelingt im Gespräch mit seinem Sohn die Ironie nicht, »sie fror an dem Wort »Geld« fest« (S. 174). »Geld« ist nicht gleich Geld, und deshalb verträgt sich der kleinliche Geiz der Mutter Schniers durchaus mit ihrem Reichtum. Es gibt das »›konkrete‹ Geld, mit dem man Milch kauft und Taxi fährt, sich eine Geliebte hält und ins Kino geht«, und es gibt »das abstrakte« (S. 211). Dazwischen steht eine »unsichtbare Wand, wo das Geld aufhörte, zum Ausgeben da zu sein, wo es unantastbar wurde und in Tabernakeln als Ziffer existierte« (S. 212). Hier wird der Begriff zum Symbol gemacht, aber er verliert dadurch nicht an Konkretion, sondern stellt diese weit besser her, als die abstrakte soziologische Begrifflichkeit von ›Kapital‹, ›Tauschwert‹, ›Mehrwert‹ etc. dies vermag. Dieses Geld »irrational« zu nennen (S. 245), bedeutet keine Mythisierung der Sozialökonomie, sondern es beschreibt die Mechanismen, mit denen die zweifache Bedeutung von »Geld« verschleiert wird: »Mit Geld war es ähnlich wie mit dem ›fleischlichen Verlangen‹. Keiner sprach richtig darüber, dachte richtig daran, es wurde entweder – wie Marie vom fleischlichen Verlangen der Priester gesagt hatte – ›sublimiert‹ oder als ordinär empfunden« (S. 204), verschleiert oder verschwiegen: »wissen die, mit denen du da dauernd über Geld redest, gar nicht, daß ihr das Wichtigste immer verschweigt – oder habt ihrs abgesprochen« (S. 181)?

Es ist das »tote, abstrakte, an die Kette gelegte Geld, das für viele Menschen Leben oder Tod bedeutete« (S. 214), das Kapital, das Macht bedeutet – »Ihr kriegt vier Ministersessel, wir kriegen den Huckepackkonzern« (ebd.) –, und das deswegen dort fehlt, wo es als »konkretes« Geld Lebensunterhalt bedeutet. Deshalb kann Schniers Vater »sein Geld nicht einem Clown geben, der mit Geld nur eins tun würde: es ausgeben, genau das Gegenteil von dem, was man mit Geld tun mußte« (S. 211).

Diese beiden Aspekte des Geldes gehören zu den Leitmotiven des Romans. Das erste Telefongespräch Schniers (mit Kostert) dreht sich um das Honorar des Clowns (S. 17ff.), und eine Münze, die in den Hut des Bettelnden fällt, beschließt den Text. Das Personal des Romans wird von Schnier unterschieden in solche, »die ich anpumpen konnte«, und solche, »die ich nur im äußersten Notfall um Geld bitten würde« (S. 37). Letztere sind – mit Ausnahme Leos, der besitzlos ist – diejenigen, für die die »abstrakte« Funktion des Geldes die entscheidende ist, und die jene Gesellschaftsstruktur im Modell verkörpern, die in der Bundesrepublik der Nachkriegszeit restauriert wurde, es sind die Eltern und »die Kreismitglieder« (S. 37). Die Inhumanität dieser Figuren, selbst eines ansonsten doch recht sympathisch gezeichneten Mannes wie Schniers Vater, folgt aus ihrer Fixierung auf das »abstrakte Geld«, d. h. aus ihrer Trägerfunktion für das System des Kapitalismus. Das gilt für Schniers Mutter, die sich von der Anti-Atom-Politik »sofort – buchstäblich sofort« distanziert, als ihr klargemacht wird, »daß eine konsequente Anti-Atom-Politik einen radikalen Aktiensturz herbeiführen würde« (S. 232). Und auch »bei den Katholiken im ›Kreis‹ wollte nie einer über den ungerechten Mammon sprechen« (S. 245). Auch und gerade die Kirche hat die Restauration des Kapitalismus unterstützt und davon profitiert, was Böll aus seinem zentralen Interesse am »Thema« Religion zeitlebens besonders zur Kritik herausforderte. Im zeitlichen Kontext des *Clowns* dokumentiert dies vor allem die Glosse *Hast Du was, dann bist Du was* (1961). Böll zitiert dort aus einem bischöflichen Hirtenbrief, der die Ausgabe von »Volksaktien« begrüßt: »Eine solche breite Eigentumsstreuung würde die soziale Ordnung im Volke wesentlich befestigen, die wirtschaftliche Kapitalbildung sichern, die Arbeiterschaft und überhaupt die minderbemittelten Volkskreise gesellschaftlich heben und in das Volksganze eingliedern.« (E I, S. 457) Die »Heiligsprechung des Habenichts von Assisi« (ebd.) hält er in der Glosse dagegen, und auch im Roman steht die Armut des Franziskus gegen den Reichtum der Kirche: »Die Kirche ist ja reich, stinkreich. Sie stinkt wirklich vor Geld – wie der Leichnam eines reichen Mannes« (S. 236).

Die Kirche ist völlig integriert in das kapitalistische System – Kirchen*steuer*, Konten, Verrechnungsschecks verbildlichen diese Verflechtung im Roman.

Dagegen hatte Marie aus der Sicht des »Clowns« die einzig angemessene Art, mit Geld umzugehen, die sicherstellte, daß es nicht zu »abstraktem Geld« wurde: »In Maries Händen verlor das Geld seine Fragwürdigkeit, sie hatte eine wunderbare Art, achtlos und zugleich sehr achtsam damit umzugehen. [...] Sie gab fast jedem

Geld, der sie darum anging [...], von denen sich im Laufe des Gesprächs herausstellte, daß sie Geld brauchten« (S. 245), und nichts dokumentiert ihre Rückkehr in den Schoß der Kirche besser als die Regelung ihres Besitzes: »Ich hätte es mir denken können: wenn es um Besitz geht, werden Christen unerbittlich, gerecht. Ich brauchte die Schubladen gar nicht zu öffnen: was mir gehörte, würde alles da sein, was ihr gehörte, alles weg. Wie barmherzig wäre es gewesen, auch meine Klamotten mitzunehmen, aber hier in unserem Kleiderschrank war es ganz gerecht zugegangen, auf eine tödliche Weise korrekt.« (S. 280)
Es ist tatsächlich »viel versteckt von der Geschichte der Bundesrepublik« in diesem Roman (S. 414), wobei es auf das Versteckte ankommt und weniger auf die offensichtlichen zeitgeschichtlichen Materialien.
Der Roman ist für Böll stets in erster Linie ein Versteck gewesen: »ein Versteck, in dem man zwei, drei Worte verstecken kann, von denen man hofft, daß der Leser sie findet. [...] Man kann in einem Roman auch Personen verstecken, Gefühle, so wie man ihn als Versteck für eine ganze Stadt benutzen kann.« (J, S. 16) In der Nobelpreis-Rede erweitert er diese Eigenschaft auf die Kunst überhaupt, die »ein gutes Versteck [...] für geistigen Explosivstoff und gesellschaftliche Spätzünder« sei (E III, S. 49). Ebenso häufig hat er anläßlich der Versteck-Metapher den Satz des von ihm geschätzten Chesterton zitiert: Wo verbirgt der Weise ein Blatt: Im Walde (z. B. E III, S. 161). Es sind auch im *Clown* durchaus noch weitere »Blätter« zu vermuten.

4.7 »Prügel, wenn auch nur scheinbare«? – Der Clown und die Satire

»[I]ch war es leid zu karikieren«, sagt Schnier nach dem vorläufigen Ende seiner Karriere (S. 124): »Es war mir noch nie gelungen, das Menschliche darzustellen, ohne furchtbaren Kitsch zu produzieren. [...] Als ich aber dann Lebenslauf eines Mannes versuchte, fiel ich doch wieder in die Karikatur.« (S. 125) Ein Jahr nach der Veröffentlichung des Romans formulierte Böll für seine eigene Rolle als Schriftsteller eine ähnliche Absage: »sie erwarten etwas Freches, etwas Kesses, Gesellschaftskritisches, sie erwarten Zeitkritik, ich möchte fast sagen, sie erwarten – ob es sich nun um selbstsichere Industrielle handelt oder um Kleriker – sie erwarten Prügel, und seitdem mir das bewußt geworden ist, bin ich nicht mehr bereit, Prügel, wenn auch nur scheinbare, auszuteilen« (E II, S. 36).
Die Erwartungen und Reaktionen »selbstsicherer Industrieller« auf solch »scheinbare Prügel« hatte er im *Clown* dargestellt: Den Mitgliedern des aus ehemaligen Wirtschaftsmagnaten zusammengesetzten Altherrenclubs seines Großvaters hatte Schnier »kleine Nummern vorgeführt: Manager im Speisewagen. Und wie boshaft ich es auch zu machen versucht hatte, sie hatten sich totgelacht, ›köstlich amüsiert‹« (S. 72).
Auch wenn es grundsätzlich fragwürdig ist, Böll mit dem »Clown« zu identifizieren, scheint es legitim, zwischen der Absage an »scheinbare Prügel« in den *Frankfurter Vorlesungen* und dem Unbehagen des Clowns gegenüber der Karikatur

Verbindungen zu sehen. Beide meinen das gleiche: die Satire. Es ist schon auffällig, daß Böll, der in den 50er Jahren mit *Nicht nur zur Weihnachtszeit* (1952), *Doktor Murkes gesammeltes Schweigen* (1955), *Hauptstädtisches Journal* (1957) und anderen das Genre der satirischen Erzählung auf einen Höhepunkt in der bundesdeutschen Literatur gebracht hatte, seit der Kurzgeschichte *Der Bahnhof von Zimpren* (1958) für viele Jahre nichts Vergleichbares mehr schrieb. Erst 1975 kam wieder eine Satire heraus – *Berichte zur Gesinnungslage der Nation*. Wie oben beschrieben (vgl. o., S. 18), deutete sich die Abwendung von der Satire 1959 mit *Billard um halb zehn* an, und in *Hierzulande* war auch das Motiv dafür formuliert – »an wen den Zorn adressieren, sie schlucken alles« (E I, S. 374). Wenn der *Clown*, wie behauptet, die Nagelprobe darstellt auf die in den früheren Werken postulierte anarchische Gemeinschaft und zugleich auf die Möglichkeiten, die die Rolle des Künstlers zur Durchsetzung oder wenigstens Förderung dieser Utopie bietet, dann stehen mit gesellschaftlichem Konzept und Rollenverständnis in diesem Künstlerroman selbstverständlich auch die künstlerischen *Mittel* auf dem Prüfstand: »Diese Überprüfung geht für die Stilform der Satire – immerhin ein für den Clownberuf wie für Bölls eigene literarische Praxis sehr bedeutendes Genre – eindeutig negativ aus.« Das war 1977 meine eigene Meinung dazu (vgl. Balzer, Anarchie, R I, S. [83]), nachdem ich schon 2 Jahre zuvor den Roman als eine »Absage an die Satire« bezeichnet hatte (Balzer, Humanität, S. 49). Eine Episode innerhalb des Romans scheint mir dieses Fragwürdig-Werden der Satire aus Bölls Sicht ganz besonders augenfällig zu machen, sie enthält zudem den Ansatzpunkt zu der Alternative, die der Roman als Ganzes dann auch einzulösen bemüht ist:

»Ich hatte einmal eine ziemlich lange Nummer ›Der General‹ einstudiert, lange daran gearbeitet, und als ich sie aufführte, wurde es das, was man in unseren Kreisen einen Erfolg nennt: d. h. die richtigen Leute lachten, und die richtigen ärgerten sich.« (S. 266)

Nach dem Auftritt konfrontiert ihn eine Generalswitwe mit der Tatsache wenigstens *eines* anständigen Generals:

»Ich konnte von da ab die Nummer General nie mehr aufführen. Die Presse, die sich Linkspresse nennt, schrieb daraufhin, ich habe mich offenbar von der Reaktion einschüchtern lassen, die Presse, die sich Rechtspresse nennt, schrieb, ich hätte wohl eingesehen, daß ich dem Osten in die Hand spiele, und die unabhängige Presse schrieb, ich habe offensichtlich jeglicher Radikalität und dem Engagement abgeschworen. Alles kompletter Schwachsinn. Ich konnte die Nummer nicht mehr vorführen, weil ich immer an die alte kleine Frau denken mußte, die sich wahrscheinlich, von allen verlacht und verspottet, kümmerlich durchschlug. Wenn mir eine Sache keinen Spaß mehr macht, höre ich damit auf.« (ebd.)

Sarkastisch läßt er sich anschließend über die »Witterung« von Journalisten aus, die in ähnlicher Weise und ebenfalls aus künstlerischem Unverstand das »Engagement in der falschen Ecke« suchen, wie die »Parteien, Interessengruppen, Kirchen« (E II, S. 43). Für einen Künstler, für den »Moral und Ästhetik [...] sich als kongruent [erweisen], untrennbar auch, ganz gleich, wie trotzig oder gelassen, wie milde oder wie wütend, mit welchem Stil aus welcher Optik ein Autor sich an die Beschreibung oder bloße Schilderung des Humanen begeben mag« (E II,

S. 72), für den ist der »fehlende Spaß« ein Indiz für den Verlust solcher Kongruenz, der mit dem Stil auch das Engagement fragwürdig macht. Gemäß Schillers berühmter Definition wird in der Satire »*die* Wirklichkeit als Mangel *dem* Ideal als der höchsten Realität gegenübergestellt« (*Über naive und sentimentalische Dichtung*, Abschnitt *Satirische Dichtung* – Hervorhebung von mir, B. B.). Dieser Definition entsprachen die Satiren Bölls, in denen der jeweils übertreibend bis zur letzten grotesken Konsequenz getriebene satirische Einfall exemplarisch war für den Zustand *der* Wirklichkeit insgesamt. Hinter dem Beispiel stand das Prinzipielle, sowohl hinter dem Kritisierten als auch hinter dem dabei sichtbar werdenden positiven Gegenmodell. Die Generals-Episode formuliert die Erkenntnis, daß das Prinzipielle notwendig die Rücksicht auf den einzelnen ausschließt. Genau dadurch geht die »Kongruenz« von Ästhetik und Moral, die sich auf »das Humane« beziehen sollen, verloren. Der Widerspruch von Prinzip und einzelnem ist der Auslöser für den Streit Schniers gegen die »Ordnungsprinzipien«; er kehrt wieder in der zitierten Unterscheidung zwischen den »großen Sachen« (»Politische Irrtümer, Ehebruch, Mord, Antisemitismus« – S. 229) und den »Details« (»aber wer verzeiht *einem*« – ebd., Hervorhebung von mir, B. B.).

»Merkwürdigerweise mag ich die, von deren Art ich bin: die Menschen« (S. 288) – mit diesem Satz reklamiert Hans Schnier die gleiche Humanität, die Böll in den *Frankfurter Vorlesungen* zum moralischen *und ästhetischen* Prinzip zugleich erhebt. Solche Humanität kennzeichnete die Beziehung Schniers zu Marie und kennzeichnet weiterhin sein Verhältnis zu Edgar Wieneken:

»er war einer der wenigen, die mich immer so genommen hatten, wie ich war, denen ich immer so erschienen war, wie ich war. Und er hatte keinen Glauben als den an bestimmte Menschen – die anderen glaubten ja an mehr als an die Menschen: an Gott, an abstraktes Geld, an etwas wie Staat und Deutschland. Edgar nicht.« (S. 278)

Solche Haltung ist tragfähig für eine menschliche Beziehung; wie aber gelangt man von dort zu einer humanen Ästhetik? Das ist ja das Problem, das der »Clown« selbst formuliert: » Es war mir noch nie gelungen, das Menschliche darzustellen, ohne furchtbaren Kitsch zu produzieren.« (S. 125) Die satirischen »Prügel« auf das Prinzip waren nicht der taugliche Weg, die epische Ausbreitung einer menschlichen Entwicklung gelang ebensowenig – der Versuch einer Nummer »Lebenslauf eines Mannes« gerät zur Karikatur (S. 125). Was dem »Clown« mißlingt, gelingt jedoch dem Autor, dessen Roman nicht ein episches Kontinuum darstellt.
C. A. M. Noble beschreibt dieses Romankonzept unter Hinweis auf entsprechende Überlegungen Max Frischs:

»Seiner Methode nach zeigt dieser Roman [...] einen Hang zum Skizzenhaften. Die Skizze wird auch von Max Frisch, der sich vor jedem festumrissenen, abgeschlossenen Personenbildnis oder Weltbildnis hütet, als literarische Form gehandhabt. Im *Tagebuch 1946 - 1949*, das selbst aus Skizzen besteht, spricht er von der ›Vorliebe zum Fragment‹, der ›Betonung des Unvollendeten‹, die sich im Schrifttum der Gegenwart zeigt [...] Die Skizze hat eine Richtung, aber kein Ende; die Skizze als Ausdruck eines Weltbildes, das sich nicht mehr schließt.« (Noble, S. 159)

Hans Joachim Bernhard urteilt völlig richtig, wenn er den Roman in die Nähe des Tagebuchs rückt: »Die Spezifik des Erzählaspekts führt dazu, daß die Begebenheiten, die mitgeteilt werden, einander wenig zugeordnet sind. Der ›Clown‹ wählt aus, was er von seiner Position aus für berichtenswert hält.« (Bernhard, S. 300) Hier wird beschrieben, was der »Clown« selbst als seine Tätigkeit benennt, und was dem Roman ursprünglich seinen Titel geben sollte: »Ich bin ein Clown und sammle Augenblicke« (S. 296).
Daß dieser Satz mehr ist als ein Aperçu, wurde schon betont. Immerhin ist er die Antwort auf die Frage des Bruders »Was bist du eigentlich für ein Mensch« (ebd.). Außerdem gehören »die Augenblicke« offenbar zu den wichtigsten »Wörtern« des Textes, ist doch immer wieder davon die Rede:

- »Ich habe zuviel Augenblicke im Kopf, zuviel Details, Winzigkeiten – «(S. 229)
- »Man kann Augenblicke nicht wiederholen und nicht mitteilen.« (S. 251)
- »Man soll Augenblicke lassen, nie wiederholen.« (S. 252)
- »Ich konnte diese Augenblicke nicht beschreiben und sie mir wie einen Orden um den Hals hängen. Jeder trägt die Orden seiner heldenhaften Augenblicke an Hals und Brust. Sich an die Vergangenheit klammern ist Heuchelei, weil kein Mensch die Augenblicke kennt« (S. 274).

Diese Zitate unterstreichen vor dem genannten optischen Aspekt von »Augenblicken« den zeitlichen und räumlichen: die Kürze und das Punktuelle. Der geplante Titel hätte gezeigt, daß dem Autor gelingt, woran die Figur scheitert, »Augenblicke« zu »wiederholen« und »mitzuteilen«. Im »Augenblick«, im »Detail« – so der andere häufiger verwendete Begriff, der diesen Aspekt mit »Augenblick« teilt (vgl. z. B. S. 229, 237, 294) –, ist Humanität noch darstellbar, die im Sinnzusammenhang epischer Darstellung an den »Prinzipien« zerbricht. Es ist daher auch nur folgerichtig, daß Böll in den Romanen, die folgen, wie im *Clown* auf die Konstruktion eines epischen Zusammenhangs verzichtet: *Entfernung von der Truppe* nennt als Bauprinzip des »Erzählwerks (Werk hier im Sinne von Uhrwerk zu verstehen)« (R IV, S. 270) das kindliche Malbuch: »Ich biete also ein paar Striche, ein paar Punkte, die der Leser als Malvorlage für die Ausschmükkung [...] verwenden mag (R IV, S. 276f.). *Ende einer Dienstfahrt* hat in der Fiktion eines Gerichtsberichtes ein größeres Maß an Kohärenz, aber auch hier sind im wesentlichen »Augenblicke« versammelt in den Zeugenaussagen und Rückblenden. Dieses Gestaltungsverfahren steigert sich noch in *Gruppenbild mit Dame*, einem Roman, der aus der Kompilation von Zeugenaussagen und Dokumenten besteht und in dem ein fiktiver »Verfasser« den traditionellen Erzähler ersetzt und fragwürdig macht – was auch die erzählerische Komposition problematisiert.
In *Die verlorene Ehre der Katharina Blum*, wo Böll das Bauprinzip von *Gruppenbild* übernimmt, wird dieses dann auch selbst zu einem Thema: »Wenn der Bericht – da hier so viel von Quellen geredet wird – hin und wieder als ›fließend‹ empfunden wird, so wird dafür um Verzeihung gebeten: es war unvermeidlich. Angesichts von ›Quellen‹ und ›Fließen‹ kann man nicht von Komposition sprechen, so sollte man vielleicht statt dessen den Begriff der Zusammenführung (als Fremdwort dafür wird Konduktion vorgeschlagen) einführen« (R V, S. 386).

Zusammengeführt in diesem Sinne sind die »Ansichten« der unterschiedlichen Personen von *Fürsorgliche Belagerung*, die Erzählerrolle ist aufgesplittert. Und im letzten Roman Bölls, *Frauen vor Flußlandschaft* (1985), gibt es sie überhaupt nicht mehr. Der »Roman« kommt als Dialog daher und übernimmt mit der Form auch ein Wesenselement des Dramas: »Der Zeitablauf des Dramas ist eine absolute Gegenwartsfolge« (P. Szoni, Theorie des modernen Dramas. Frankfurt/Main 1963, S. 16), ist eine Sammlung von Augenblicken, die »das Vorhandensein des Monteurs nicht impliziert« (ebd., S. 18). Der Weg dahin ist durch den »Augenblicke« sammelnden »Clown« bereits vorgezeichnet.

Ansichten eines Clowns ist in der Tat ein »Wendepunkt« im Werk Bölls. Dieser liegt jedoch nicht im Inhaltlichen: »Es wird [...] zu viel Inhaltsanalyse betrieben. Der Inhalt einer Prosa ist doch ihre Voraussetzung, ist geschenkt; und dem geschenkten Gaul soll man nicht ins Maul schauen.« (E II, S. 38) Auch dieser Satz stammt – wie schon erwähnt (s. o., S. 14) – aus den *Frankfurter Vorlesungen*, reflektiert also vor allem die Erfahrungen mit 12 Monaten heftiger *Clown*-Debatte. Und er ist nicht nur die Formulierung spontanen Ärgers, wie der ein Vierteljahr vor der ersten Vorlesung veröffentlichte Artikel im Berliner Tagesspiegel beweist (*Gesinnung gibt es immer gratis*. In: Der Tagesspiegel, Berlin, 9. 2. 1964): »Ich weiß nur, daß Betrug stattfindet, wenn ein Autor um seiner (jeweilig) guten Gesinnung wegen gelobt, ihm die Form, in der er diese bietet, verziehen wird« (E II, S. 21).

»Wer glaubt, daß er ›was zu sagen hat‹, beuge sich der Form, suche sie sich« (ebd., S. 24). Dieser Artikel gibt ebenfalls einen Hinweis auf den Charakter der *formalen* Erneuerung: »Ich plädiere für eine Literatur der Freigelassenen für Freigelassene, ich plädiere für freigelassene Romanfiguren [...] Vielleicht würde dann ein freigelassener Atheist anfangen den Rosenkranz zu beten, ein freigelassener Pfarrer als Flickschuster sein Brot verdienen, was dem Autor die formale Chance böte, einen Kontrapunkt zur Liturgie in der frommen Monotonie des hämmernden Schusterhammers zu finden.« (ebd., S. 24)

Freigelassen sind die Romanfiguren aus der Bindung an die Allwissenheit des einen ›allwissenden Erzählers‹, der als Malbuch-Entwerfer (*Entfernung von der Truppe*) oder protokollierender »Verf.« (*Gruppenbild*) seine Rolle aufgegeben hat, dem sie genommen wurde von dem »Clown«, der »Augenblicke sammelt«.

Das mußte die epische Satire besonders betreffen, da sie – bei Böll zumindest – auf einem dem »Freigelassensein« entgegengesetzten Prinzip beruhte:

»es gibt Formen der Literatur, die genau konstruiert sind, Satiren etwa. Am Anfang steht der Einfall [...], der muß eingepflanzt werden in den richtigen Boden und entwickelt sich da auf Grund fast mathematischer Formeln. [...] Eine Satire ist eine planbare Form der Literatur, die im Gehirn entsteht, und dann [...] versinnlicht werden muß. [...]

Das ist bei einem Roman nichtsatirischen Charakters [...] ganz etwas anderes, weil da viele Unberechenbarkeiten hereinkommen, denen sich ein Autor auch ausliefern muß. Er muß seine Personen freilassen, sie müssen sich frei entwickeln, er muß vorurteilslos an sie rangehen und sie innerhalb der Sprache, innerhalb des Ausdrucks, den er ihnen gibt, freilassen.« (I, S. 566f.)

Diese 1976 formulierte Äußerung zeigt, wie dauerhaft der Neuansatz des Romanautors Böll gewesen ist.
Von der »planbaren Form« der Satire hatte sich Böll zu Beginn der 60er Jahre abgewandt, was nicht hieß, daß er sich damit »*des literarischen Mittels* der Satire« (Hervorhebung von mir, B. B.) enthalten mußte, wie er mit Blick auf den *Clown* im *Nachwort, 1985* ausdrücklich bestätigt (S. 412). Dieser Unterschied zwischen der Satire als »geplanter Form« und dem literarischen Mittel der Satire hebt einen Widerspruch auf, der sich in der Sekundärliteratur zu dem Roman abzeichnet. So hält Jochen Vogt meiner These von der Absage an die Satire entgegen: »Es ist gewiß nicht richtig, die ›Ansichten‹ als ›Absage an Satire‹ zu verstehen, wenn auch deren Grenzen im Roman selber reflektiert werden. Zumindest in der Zeichnung des katholischen ›Milieus‹ aber beweist Böll auch weiterhin satirische Treffsicherheit.« (Vogt, S. 83f.) Diese satirische Treffsicherheit ist gewiß nicht zu bestreiten. Es gilt aber auch, was Hans Joachim Bernhard beobachtet hat, wenngleich die wertende Schlußfolgerung problematisch ist:

»Bölls Satire erweist sich in den *Ansichten eines Clowns* als zu stark von der Subjektivität einer Neigung gespeist, als daß sie das gleiche ästhetische Niveau und die Ausgewogenheit erreichte, wie dies für viele Erzählungen und auch Romanpartien zutrifft. Damit sei keineswegs gesagt, daß sie nicht im einzelnen ziel- und treffsicher ist, aber sie wird ihrer subjektiven Grundlage entsprechend breit ausgestreut. Wenn man einzelne Überlegungen Schniers [...] mit der epischen Leistung der Satire in *Doktor Murkes gesammeltes Schweigen* oder dem *Hauptstädtischen Journal* vergleicht, tritt dieser Unterschied zutage.« (Bernhard, S. 302f.)

Dies genau veranschaulicht die Absage an die »epische Leistung« der Satire. Ob die Freilassung der Figur und die Gestaltung der »Subjektivität« der satirischen »Neigung« wirklich das »ästhetische Niveau« beeinträchtigt, steht dahin. Immerhin muß man zugestehen, daß verbreitete Lesergewohnheit und -erwartung solche Sicht bestärkt – oder nur in deren Rahmen Alternativen findet:

»Die für uns wesentlichen Fragen nach den Motiven, die eine Handlung bedingen, sind für den Clown ohne jegliche Bedeutung und unverständlich. [...] die Mißachtung der Kausalität, die sich sogar in der Sprache des Clowns offenbart, indem er keine kausalen Konjunktionen benutzt, sondern häufig Hauptsätze aneinanderreiht, hat für moralische Entlastung und verdeckende Entschuldigung keinen Raum. [...] Die unbarmherzige Sicht durch das clowneske Prisma des Momentanen bietet keine Möglichkeit der Ausflüchte« (Müller, S. 42).

Für Rolf Müller fällt die Bewertung des »Clowns«, der »auf die entlarvende Kraft der Satire« setzt (ebd., S. 53), positiv aus; denn es sei »nicht das Versagen des Clowns, wenn seine Vorstellung einer humaneren Welt Utopie bleibt« (ebd., S. 54). Wenn der »Clown« selbst die Satire bzw. das Komische folgendermaßen zu definieren versucht, kann er sicher nicht mit der Zustimmung seines Autors rechnen: »ich sagte [...], ich müsse erst die Lebensbedingungen hier ein wenig studieren, denn der Sinn der Komik läge darin, den Menschen in abstrakter Form Situationen vorzuführen, die ihrer eigenen Wirklichkeit entnommen seien« (S. 264). Denn die Abstraktion schafft tatsächlich eine »unbarmherzige Sicht«, die diejenige des »Clowns« *war* bis zum Höhepunkt seiner Karriere. Sie *ist* sie schon nicht mehr, als er seinen Abstieg »in die Gosse« beginnt. Der Sicht des Autors nähert sie sich schließlich, wenn er »Augenblicke« sammelt, erreicht sie jedoch nicht, weil er sie nicht »wiederzugeben« vermag:

»Humor – das macht ihn möglicherweise denen, die ihn nicht haben, so verdächtig – setzt einen gewissen minimalen Optimismus und gleichzeitig Trauer voraus: da das Wort *humores* Flüssigkeit, auch Säfte bedeutet und alle Körpersäfte, also Galle, Träne, Speichel, auch Urin meint, bindet es ans Stoffliche und gibt diesem gleichzeitig eine humane Qualität. Weinen und Lachen sind Merkmale des *homo sapiens*. Mir scheint, es gibt nur eine humane Möglichkeit des Humors: das von der Gesellschaft für Abfall Erklärte, für abfällig Gehaltene in seiner Erhabenheit zu bestimmen.« (E II, S. 89)

Diesen Schritt zu *solchem* Humor bleibt der »Clown« Schnier hinter dem Schriftsteller Heinrich Böll zurück, denn diesem gelingt es, »das Menschliche darzustellen« (S. 125), im konkreten »Detail«, in den gesammelten »Augenblicken« – des Romans als Ganzem. Albrecht Goes hat dies als Schriftsteller rascher empfunden als andere:

»Das Allgemeine ist das Immergleiche; was zählt, ist das Detail. Ich vergegenwärtige mir, zwischen Schlaf und Wachen und ohne das Buch bei der Hand zu haben, Bölls *Ansichten eines Clowns*, und sogleich habe ich lauter Details vor mir: den Vater Schnier, den ästhetischen Kohlenbaron, der den Frühstückstoast drei- oder viermal in die Küche zurückschickt, bis die richtige Bräune erreicht ist, den Refrain vom armen Papst Johannes oder das mysteriöse I. R. 9, an dem die Küchen-Anne bei Schniers die Welt mißt, und bis ans Ende der Tage wird kein *Clown*-Leser je noch einen Cognac in den Eisschrank stellen.«

Goes zitiert Schniers Satz vom fehlenden Sinn für Details bei den Katholiken und will ihm in »größerer Verallgemeinerung« zustimmen: »es sei überhaupt selten, daß jemand den Sinn für Details hat. Böll jedenfalls hat ihn durchaus, und wo er ihn im Grimmigen und Grotesken spielen läßt, in den Übertreibungen des Übermuts, da hat er, ganz zu Recht, einige seiner großen ›Treffer‹ erzielt.« (In: In Sachen Böll, S. 285)

Der »Sinn für Details« im »Grimmigen und im Grotesken« – diese Formel beschreibt ebenso plastisch wie zutreffend die Rolle, die satirische Elemente im Roman einnehmen, der insgesamt nicht zur »geplanten Form« der Satire gehört, sondern diese für lange Zeit aus dem Werk Bölls verabschiedet zugunsten eines der Humanität dienenden Humors.

Nicht vermittelbar sind diese Überlegungen mit der zentralen These von Karl Heinz Götze, wonach *Ansichten eines Clowns* »in seiner Grundlage ein satirischer Roman« sei (Götze, S. 73). Seine Arbeit wäre insgesamt kontrastiv zum vorliegenden Band zu lesen.

4.8 Der »Alltag« und die »Ästhetik des Humanen«

»Im *Clown* gibt es ein unscheinbares Detail, das ich sehr liebe und von dem ich meine, man sollte ihm den Rang eines Statussymbols zuerkennen. Es ist die Zahnpastatube der Marie Derkum.« Wiederum ist es Albrecht Goes, der ein für Bölls Romankunst entscheidendes Moment erkennt (in: In Sachen Böll, S. 285) und der als Autor Bedeutung und Wirkung begreift:

»Warum ist das so gut? Es ist ja nicht mehr als ein winziges Teleskop, aber es erlaubt einen Blick in große Bezirke, in weite Landschaften.« (ebd., S. 286)
»Wer, wie Heinrich Böll, zu gebotener Stunde den Streit nicht scheut, die Strenge nicht mißachtet und der Wahrheitsfrage nicht ausweicht, der darf einem elementaren Lebensgefühl, wie es hier geschieht, Ausdruck verleihen: unredselig-sparsam, scheu und wohlbewacht – und gerade darum inständig und genau.« (ebd., S. 289)

Damit benennt Goes, das »unscheinbare Detail« 1968 mit einem Begriff, den Böll erst ab etwa 1975 dafür verwendete, als er in einem Gespräch mit Christian Linder von den »elementaren Dingen« sprach (J, S. 371): »Schuhe, Miete zahlen, essen, elementare Dinge«, zählte er spontan auf. 1961, Horst Bienek gegenüber, sprach er von den »Elementen des menschlichen Lebens«, die der Autor »bis spätestens zu seinem 21. Lebensjahr kennen« müsse:

»Man kann Studien machen, das heißt sich unter die sogenannten armen Leute mischen oder unter die reichen. Aber das alles hilft wenig, wenn man nicht vorher weiß, daß Armsein einfach bedeutet, kein Geld für Bonbon, für Milch, für Zigaretten, für Schnaps und für seine Kinder zu haben, und daß Reichsein üblicherweise bedeutet, sich zu langweilen und leidenschaftlich nach dem sogenannten Elementaren zu verlangen. Solche Dinge etwa, die vielfach ineinander verflochten sind und im Grunde sehr kompliziert, da sie auch etwas mit Religion zu tun haben, kann man nicht lernen [...] Hunger, Tod, Liebe und Haß, Glück und Armut, Gott und die Zeit.« (J, S. 15).

In der ersten der *Frankfurter Vorlesungen* hat er dann – offenbar als Ergebnis längerer theoretischer Bemühungen um diesen Komplex – den Katalog verändert und in den Zusammenhang einer Ästhetik des »Humanen« gebracht: »das Wohnen, die Nachbarschaft und die Heimat, das Geld und die Liebe, Religion und Mahlzeiten« (E II, S. 34), und etwas später in derselben Vorlesung fügt er hinzu: »Die Abneigung der Deutschen gegen den Provinzialismus, gegen das Alltägliche, *das eigentlich das Soziale und Humane* ist, ist eben provinzlerisch.« (ebd., S. 38, Hervorhebung von mir B. B.) Das, was dem jungen Böll das abfällig gemeinte Etikett eines Autors »der kleinen Leute«, seinen Schriften den »Geruch der Waschküche« einbrachte, zu dem bekennt er sich nun als zu den »elementaren Dingen«, von denen er sich niemals entfernt hätte (vgl. J, S. 371).
Tatsächlich ist vor dem Versuch der analytischen Klärung in den *Vorlesungen* von den frühesten Werken an eine besondere Aufmerksamkeit für alltägliche Verrichtungen zu beobachten; die idyllischen Fluchträume seiner Liebespaare sind geradezu gekennzeichnet durch solche gemeinsamen (scheinbaren) Banalitäten: Essen, Trinken, eine Unterkunft haben. Besonders kennzeichnend dafür ist die »Imbißbude« in *Und sagte kein einziges Wort* und die »Feierlichkeiten des Alltags«, die

das Mädchen darin verrichtet (R I, S. 38). Zu solchen Alltäglichkeiten gehört auch das Detail von Marie Derkums Zahnpastatube, es gehört damit ebenfalls zu dem Bereich der »eigentlich das Soziale und Humane ist«, in dem sich und durch den sich humane Gemeinschaft definiert. Wie sehr auch hierin die *Ansichten eines Clowns* einen literarischen Klärungsprozeß darstellen, der dem theoretischen in den *Vorlesungen* vorauszugehen hatte, ist unschwer zu erkennen. In der Mitte des 7. Kapitels, kurz nachdem von besagter Zahnpastatube das erstemal die Rede ist (S. 65), werden humaner und »sozialer« Alltag und seine gesellschaftliche Entartung gegeneinandergestellt:

»An diesem Morgen kam mir die Küche, die ich so gut kannte, zum erstenmal alltäglich vor. Vielleicht erlebte ich zum erstenmal, was Alltag ist: Dinge tun müssen, bei denen nicht mehr die Lust dazu entscheidet. [...] Ich fand es furchtbar und großartig, diesen Alltag, mit Kaffeetopf und Brötchen und Maries verwaschener blauweißer Schürze über dem grünen Kleid.« (S. 67f.)

Dagegen steht Schniers Elternhaus, in dem Hans und Leo bei den Mädchen in der Küche frühstückten, weil es ihnen »zu langweilig war, im Eßzimmer feierlich serviert zu bekommen« (S. 75), das Raffinement des Vaters, der auf der richtigen Bräunung des Toastes besteht, und der Gesundheitstick der Mutter, die »irgendwelche Weizenkeime zwischen ihren herrlichen Zähnen« zermahlt, »während irgendein Zeug, das aus Plazenten hergestellt ist, auf ihrem Gesicht liegt« (ebd.). Selbst das wirklich »Elementarste« existiert für sie nur in der denaturierten Form von Werbebroschüren: »oder Norette las meiner Mutter aus den gesammelten Prospekten für Abführmittel vor. Sie hat ganze Schnellhefter voll Medikamentenprospekte, getrennt nach ›Verdauung‹, ›Herz‹, ›Nerven‹« (S. 76), im übrigen lautet ihr Prinzip: »Eine Dame strömt keinerlei Art von Geruch aus« (S. 45). Damit ist sie, weil abgetrennt vom »Elementaren«, also Menschlichen, im Grunde nicht mehr lebendig; sie ist »eigentlich für mich tot« sagt Hans Schnier (S. 38). Selbst noch dem eher sympathischen Vater gegenüber zeigt sich der Unterschied in der Haltung zum Elementaren:

»›weißt du eigentlich, was ein Kind spürt, wenn es den ganzen Nachmittag radgefahren, Fußball gespielt, im Rhein geschwommen hat?‹
›Ich nehme an, Appetit‹, sagte er kühl.
›Nein‹, sagte ich, ›Hunger‹.« (S. 201)

Die Benennung macht den Abstand deutlich: Hunger – Appetit, elementares Bedürfnis – ›Eßlust‹, und damit das Gegenteil von »Alltag«. Über die »elementaren Dinge« definiert sich, wie gesagt, Gemeinschaft. Wenn dies in den früheren Romanen und Erzählungen als eine Art symbolischen oder auch nur bildhaften Ausdrucks verstanden werden kann (die »Imbißbude« als Symbol von Gemeinschaft), so wird es hier konkret und absolut: Für Schnier kann Marie nach ihrem Weggang zu Züpfner »nichts mit ihm oder bei ihm tun, ohne an mich zu denken. Sie konnte nicht einmal in seiner Gegenwart den Deckel auf die Zahnpastatube schrauben.« (S. 142) Die übrigen gemeinsamen Tätigkeiten, die er dann – und kurz zuvor – aufzählt, die sie nicht würde tun können, »ohne sich als Verräterin oder

Hure vorzukommen« (S. 130), haben die gleiche Qualität und machen die Zahnpastatube tatsächlich zu einem »Statussymbol« (Goes, s. o., S. 72): »die Sache«, »Butter aufs Brötchen streichen«, »seine Zigarette aus dem Aschenbecher nehmen und weiterrauchen«, »sprechen [...] mit ihm, übers Wetter und über Geld« (S. 130), frühstücken – »Wie oft hatten wir miteinander gefrühstückt, elend und üppig, hastig und ausgiebig, sehr früh am Morgen, spät am Vormittag, mit sehr viel Marmelade und ohne.« (S. 142)

Bei der Aufzählung fällt auf, daß nur bei wenigen dieser Tätigkeiten von aktiver Gemeinsamkeit gesprochen werden kann: schon das gemeinsame Frühstück sieht den Mann, vom Essen abgesehen, passiv: *Sie* streicht die Butter aufs Brötchen. Das entspricht der immer noch vorherrschenden Praxis der Geschlechterrollen, und bei einem anderen Autor könnte man darüber als einer Marginalie hinwegsehen; bei Böll jedoch kommt der Mahlzeit in der Literatur eine ganz entscheidende Bedeutung zu: »weil mir scheint, wie der Mensch in der Literatur seine Mahlzeiten einnehme, das hinge doch zusammen mit der Wohnung, die er in der Literatur gefunden hat – der Zusammenhang ergab sich: es wird so wenig gegessen in der deutschen Literatur, wie wenig darin gewohnt wird, es wird kaum von Geld geredet, viel gehungert, auch von der Luft gelebt. [...] Zwischen Wohnung und Essen, Liebe, Ehe, Familie bestehen offenbar Zusammenhänge.« (E II, S. 78)

Auf diese Zusammenhänge ist Bölls Literatur angewiesen, als Teil ihrer durchgehenden »mythisch-theologischen Problematik«, denn Mahlzeit *verweist* nicht nur auf das biblische Abendmahl, sie hat Anteil an dessen sakramentalem Charakter:

»Was ich natürlich gern entwickeln würde, da die Abfälligkeit einer abfälligen Gesellschaft mich, was dieses Thema angeht, präpariert und prädestiniert hat: eine Ästhetik des Brotes in der Literatur, des Brotes, das zuerst das reale, vom Bäcker oder von der Hausfrau, vom Bauern gebackene ist, doch auch mehr, viel mehr – Zeichen der Brüderlichkeit nicht nur, auch des Friedens, sogar der Freiheit, und wiederum noch mehr: das wirkungsvollste Aphrodisiakum, und weiterhin: Hostie, Oblate, Mazze« (E II, S. 83).

Die beiden letzten Zitate stammen von 1964, und der enge thematische Zusammenhang mit dem *Clown* ist unübersehbar. Der sakramentale Charakter des Brotes ist Gegenstand oder wenigstens Motiv in vielen früheren Werken (*Der Geschmack des Brotes*, 1955, *Das Brot der frühen Jahre*, 1955, usw.); die reflektierende Behandlung des Themas erfolgte erst nach dem *Clown* – auf die pointierte Formel hat es Böll sogar erst 1975 gebracht:

»Es muß ein neuer Begriff für das Sakramentale gefunden werden, es muß ein neuer Begriff für Gottesdienst gefunden werden, für dieses Zusammensein von Menschen, die gemeinsam etwas wollen, es ist ja eine großartige Sache ursprünglich. Das Ganze derart minutiös und terroristisch zu ordnen, war einfach verheerend. [...] ich habe sehr gute Freunde, [...] die wissen ganz genau, daß sie nicht in die Hölle kommen oder eine Todsünde begehen, wenn sie sonntags mal nicht in die Kirche gehen, sondern lieber friedlich mit ihrer Frau oder ihren Kindern frühstücken, und sich unterhalten, was viel sakramentaler ist, als dieser offizielle und partiell langweilige Vorgang in der Kirche.« (J, S. 563)

Das Elementare ist das Humane und das Sakramentale zugleich, und für beide

Aspekte kommt der Frau ganz offensichtlich die entscheidende Funktion zu, weil sie – wie schon einmal zitiert wurde (s. o., S. 55) – »ein weniger komplexes und weniger kompliziertes und weniger intellektuelles Verhältnis zu sich selber, zu ihrem Körper und zur Natur« hat. Die Grundlage für das zugleich pathetische, im modernen Sinne aber nicht emanzipatorische Frauenbild wird hierdurch deutlich: »Eine Mahlzeit für eine Familie erstellen ist doch eine wunderbare Sache und ein Befreiungsvorgang.« (J, S. 543)

Hans Schnier ist weit vorangeschritten auf dem Weg, den Böll als von der Gesellschaft noch nicht einmal bemerkt charakterisiert hat – »ich glaube, daß man die Sensibilität der Frau, und zwar die Genialität, die in der Sensibilität liegt, noch nicht erkannt hat« (J, S. 543) –, denn er ahnt, daß »nur Frauen der Alltag so selbstverständlich ist wie ihr Körper« (S. 68): »Es muß an ihren Händen liegen. [...] Männerhände sind Händedruckhände, Prügelhände, natürlich Schießhände und Unterschriftenhände [...] Frauenhände sind schon fast keine Hände mehr: ob sie Butter aufs Brot oder Haare aus der Stirn streichen.« (S. 244) Dennoch kann auch Schnier den Raum männlicher »Lächerlichkeit« nicht überschreiten – auch und gerade nicht im Bereich der »elementaren Dinge« des »Alltags«: »Ich hatte ihr [Frau Fredebeul] einmal, als mir die Unterhaltung zu anstrengend wurde, geholfen, Toast zu rösten, Schnittchen zu machen und Kaffee zu kochen, Arbeiten, von denen ich nur sagen kann, daß sie mir weniger widerwärtig sind als gewisse Formen der Unterhaltung.« (S. 10)

Weniger »widerwärtig« – diese Einstellung zu einem Vorgang, dessen *Genuß* für ihn geradezu Lebensvoraussetzung ist, zeigt, daß das Problem nicht mit einem generellen Kochkurs für Männer zu lösen ist. Bis zur Erkenntnis dieses Sachverhaltes ist Schnier gelangt, aber er kommt nicht darüber hinaus. Und so ist sein vorläufiges Scheitern nicht nur den Widerständen der – männlich organisierten – bundesdeutschen Gesellschaft oder dem labyrinthischen Charakter des – ausschließlich männlichen organisierten – politischen Katholizismus anzulasten, sondern auch seiner eigenen Männlichkeit.

Diese Erkenntnis ist auch ein Ergebnis der ›Nagelprobe‹ Bölls auf die eigene Thematik und ihre Darstellungsmittel. Auch hierin bereitet der Roman eine »Wende« vor, die in den *Frankfurter Vorlesungen* theoretisch vertieft wird und über *Entfernung von der Truppe* und *Ende einer Dienstfahrt* zu den späten Romanen führt, in denen dann stets eine Frau zum Mittelpunkt wird und durch die Praktizierung des »Elementaren« Gemeinschaft begründet, die ohne Macht auskommt.

5 Dokumente zur Rezeption

Einige Stellungnahmen zum Roman sind im Materialienteil der Textausgabe von 1985 enthalten. Besonderes Gewicht haben dabei die Beispiele aus der umfangreichen Kritiker-Kontroverse in der Wochenzeitung »Die Zeit«. Die folgende Dokumentation schließt dort an mit den Rezensionen von Werner Ross und Reinhard Baumgart, um danach wichtige Beispiele aus dem Spektrum des Meinungsstreites im Erscheinungsjahr vorzustellen. Ein Ausschnitt aus der literaturwissenschaftlichen Debatte folgt, ehe einige Stimmen zu den Bühnenfassungen und zur Filmversion angeführt werden.

5.1 Literaturkritiker zum Roman

Werner Ross: Katholizismus als rotes Tuch

Der Held von Bölls neuem Roman, der Clown Hans Schnier, hat eine verblüffende Eigenschaft: Er kann durchs Telephon Gerüche wahrnehmen. Wohlgeruch oder Patschouli, was es auch sei, seine Nase wittert es durch den Hörer.

So mystisch diese Eigenschaft scheint, so verräterisch ist sie für die besondere Begabung auch des Autors, der Hans Schnier erzeugte: Er »riecht« Milieus mit jener untrüglichen Sicherheit, die sonst nur Hundenasen auszeichnet. In der Erfassung »echter« Details hat er nicht seinesgleichen. Während andere Autoren Stilnebel übers Bild sprühen wie Uwe Johnson in seinen »Mutmaßungen«, damit es kunstvoll unscharf wird, oder drastisch aus der Tube Farbe auftragen wie Grass in der »Blechtrommel«, liefert Böll saubere Momentaufnahmen, Schnappschüsse, bei denen man bewundernd »Donnerwetter!« sagt.

Umgangston und Seelenregung, Anekdote und Atmosphäre – er trifft's. Natürlich muß der Stil darunter leiden.

Es ist ein Problem des »Naturalisten«, daß er zwischen der ungeschminkten und der künstlerisch veredelten Wirklichkeit zu wählen hat. Hauptmann hat sich damit geplagt, Fontane kam damit zurecht, indem er seinen Figuren das eigene Plaudertalent lieh, Hemingway hat es nicht ganz ohne Manier geschafft.

Böll könnte ihr Nachfolger werden. Soll man nach diesem letzten Roman sagen: hätte ihr Nachfolger werden können?

Die Bonner Nachkriegsgesellschaft gab den Stoff. Kein Juvenal war dazu vonnöten, denn die Laster halten sich in biederbürgerlichen Maßen, der Sumpf ist eher Matsch. Als Koeppen das »Treibhaus« schrieb, trug er viel zu dick auf. Fontane 1963 wäre der Richtige; der hatte auch die Gründerjahre aufs Korn genommen, eine wankende Welt, und ein Panorama davon hinterlassen, daß selbst wir mit unseren Allerweltsnasen wittern: Ja, so war's. Bölls Köln und Bonn könnten uns den Prälaten Sommerwild und den Fabrikanten Schnier so unzerstörbar konservieren wie Fontanes Berlin die literaturlüsterne Frau Jenny Treibel und ihren kommerzienrätlichen Gemahl.

Aber Heinrich Böll mit seiner guten Nase hat die besten seiner künstlerischen Möglichkeiten nicht gespürt. Statt dessen gibt er sich einer anderen Hundeleidenschaft hin: Er bellt. Wie ein treuer Haushund bellt er alles an, was ihm über den Weg läuft, genauso unermüdlich, unterschiedslos und im Grunde arglos, wie es Hundesitte ist. Es soll vielleicht Satire sein, aber bei den großen Satirikern steckt sie in der Sache selbst. Petronius braucht über den Wanst Trimalchio kein böses Wörtchen zu verlieren. Bölls rheinisches Naturell ist von Hause aus eher gutmütig, lässig, läßt leben. Es kann sich schlecht im großen Zorn entladen, lieber und leichter in Raunzen, Mäkeln, Quengelei.

So hadert Bölls Clown mit Gott und Welt, am unverdrossensten aber mit den Katholiken, die ihm alles eingebrockt haben. Wenn der Farbton nicht so unpassend wäre, müßte man die Katholiken sein rotes Tuch nennen.

Da Böll selber ein Katholik ist, liegt Familienkrach vor. Wem die Welt nicht gefällt, dem gehen die Vettern und Basen besonders auf die Nerven.

Das kann erhellend oder erheiternd sein, auch ein Vorwurf für einen Roman. Bernanos und Bloy haben mit Grimm und Wollust die »guten Katholiken« aufs Korn genommen.

Aber Bölls Angriffsziel ist weiter gerückt: Es geht nicht mehr gegen die *bien pensants*, das mit Geld und Grundsätzen gleich wohlgepolsterte Besitzbürgertum, sondern gegen die »feinen« Katholiken, die liturgisch Gebildeten, die diskussionsfreudig auf der Höhe der Zeit wandeln, aber in den Dingen der Moral und im Seelenfang immer noch so prüde und perfid sind wie in orthodox verstockten Zeiten.

Bölls Selbstporträt und seine Familienpolemik sind freilich verfremdet: Der Clown Hans Schnier ist protestantisch getauft, in einem katholischen Internat erzogen, von Freundin Marie in katholisch-akademische Zirkel eingeführt, seit langem aber rundum ungläubig.

Leider ist die Maske verrutscht: Ein Agnostiker würde weder mit solcher Inbrunst Litaneien singen, sei's auch in der Badewanne, noch hinter jedem Busch einen Katholiken auf der Lauer liegen sehen.

Es muß allerdings angemerkt werden, daß diese Art konfessioneller Hysterie nicht nur in Bölls Vorstellungswelt existiert; daß sie so vergröbert und vergrößert dargestellt ist, kommt der Wirklichkeit immer noch näher als ihre Ignorierung in einer sogenannten realistischen Literatur.

Alles in allem gesehen: auch mit dem Umweg über Hans Schnier junior ist die Objektivierung nicht gelungen. Der Roman versackt im Ressentiment.

(In: Die Zeit, 31. 5. 1963)

Reinhard Baumgart: Unglücklich oder verunglückt?

Wenn Prozesse ihre dritte Instanz erreichen, beginnt das geduldigste Publikum zu gähnen, für die Juristen aber wird es erst aufregend. Ähnlich hier, im Fall Böll, für Buchkritiker. Auch ich habe Reich-Ranicki angehört, und sein Urteil schien mir hart oder zu hart, obwohl sehr scharf belegt. Dann, in Joachim Kaisers Plädoyer, schwang das Pendel zurück wie natur-notwendig, da sprach nun Milde und Enthusiasmus und sprach schön und gewinnend, genau wie Verteidiger müssen. Doch eins hat mich mißtrauisch gemacht: daß diese warmen Worte sich ausgerechnet erwärmen an dem unglücklichsten Indiz des ganzen Romans, an der Hauptfigur nämlich, dem Clown Hans Schnier.

Auf Konsequenz und ausgekostete Bitterkeit in den Ansichten dieses Clowns hatte Ranicki gepocht. Joachim Kaiser, falls ich ihn recht verstehe, möchte uns nun bedeuten, wenn da die Bitterkeit nicht ganz genau konsequent denke und die Konsequenzen nicht immer bitter schmeckten, so komme gerade das dem »Charme« des Buches und dem »Charme« von Hans Schnier zugute. Außerdem seien nicht die Ansichten, sondern eben der Clown der Held des Romans. Niemand könnte widersprechen. Nur: Charme hätte ich zu allerletzt erwartet von einem Buch, dessen Autor und Held angeblich gemeinsam zum Äußersten schreiten. Hat

Antigone Charme? Oder etwa Hamlet? Denn mindestens diesen großen Protestierenden gebührt doch, was Kaiser an Adelsgefühl über die Clownsseele ausschüttet: sie hatten die »anima candida« und waren die »konsequenten Toren«, ein »Äußerstes an seelischer Reinheit« ertrotzend, so daß »alle anderen in einem heillosen Licht stehen . . .« und so fort. Denn dieser Menschenschlag à la Schnier, der aufbegehrt gegen eine Ordnung, die nichts weiter darstellt als ein kunstvolles System von Unordnung, der ist alt wie die Literatur und in ihr weit verbreitet. Der jüngste und nächste Verwandte des Böllschen Clowns aber heißt Holden Caulfield und stammt aus Salingers »Fänger im Roggen«.
Diese Vetternschaft ist längst bemerkt worden und es geht auch hier nicht etwa um alberne Denunziation, so, als hätte Böll bei Salinger gemeine Werkspionage getrieben. Doch der Blick auf Salingers Buch zeigt, was Böll hätte gelingen sollen und was dort, in den Aufzeichnungen eines High-School-Jungen, tatsächlich gelungen ist. Denn wenn irgend jemand, dann ist dieser Caulfield genau der Seelentor und heilige Querulant, von dem Joachim Kaiser redet. Er allerdings fühlt sich mit seinen Beschwerden keineswegs so penetrant im Recht, wie Schnier auf Schritt und Tritt. Doch trotz seiner Larmoyanz, seiner schlimmen Lächerlichkeit – er leidet, fühlbarer als Schnier und damit wird jeder Klagende glaubwürdiger als durch alle Argumente. Nur: warum leidet dieser Caulfield so »gut«, so authentisch, während Schnier seine Misere mehr beteuert als wirklich mitteilt? Salinger ist nämlich etwas nahezu Unmögliches gelungen, mit nichts weiter als der Stimme des Redenden, durch ihr Timbre, ihren Wortschatz und Gestus, hat er ein vollständiges und geschlossenes Menschenwesen umrissen, das auch unsere vollständige Anteilnahme herausfordert und verdient. Verglichen damit sieht Hans Schnier aus wie ein rhetorisches Kompositum. In dieser Stimme werden die Umrisse einer einzigen Person nicht deutlich, da redet zu vielerlei durcheinander. So etwa Heinrich Böll selbst, der als der Hausherr im Roman immer wieder ein starkes Wort dazwischenruft. Oder es schreibt seitenweise, statt des armen Hans Schnier, nur eine beliebige aufsässige Feuilletonistenfeder, immer begabt, doch eben fatal charmant in einer angeblich so miserablen Lage.
»Überreich an Details«, sagt Kaiser, sei diese Figur ausgestattet, und auch dieser Reichtum, meine ich, gereicht dem Millionärssohn zum Unglück, einem diesmal ästhetischen. Er baut von überallher seine Eigenschaften, Ansichten und Ressentiments, und es addiert sich daraus eine schwierige, gewichtige Summe von sogenanntem Nonkonformismus, doch will auch die nicht zu einem ganz verläßlichen Individuum zusammenfinden. Kaum einen Augenblick halte ich für möglich, daß da ein Siebenundzwanzigjähriger aus dem Roman auf mich einredet, dazu zeigt er zu deutlich alle moralischen Narben der nächstälteren, der Kriegsgeneration. Schwerlich traut man ihm als einem Braunkohlenerben über den Weg, nie jedenfalls als einem Protestanten oder Atheisten. Es geht da zu wie verhext: Je besser er redet, je mehr er beteuert, desto weniger ist er er selbst. Aber womöglich wäre das wirklich, wie uns Kaiser offeriert, »kein realistisch gesehenes Ich, sondern ein überzeichnetes«? Das ist tapfer gesagt. Doch es erinnert schon an die trotzige Art von Autoren, die gern ihre Fehler als ihre höchste Absicht verteidigen. Sobald etwas nicht stimmt, sagen sie: genau! Es sollte auch gar nicht stimmen. »Realistisch gesehene Ichs« sind für mich wahrhaftig keine Glaubensartikel; jeder Werther oder auch Oskar Matzerath wäre mir gleich willkommen. Doch wenn eine Figur so tief eingetunkt ist in realistisches Milieu wie Schnier in sein Bonner Nest, kann sie kaum noch jenseits des Realismus von eigenen Gnaden und nach eigenen Gesetzen residieren.

(In: Die Zeit, 21. 6. 1963)

Arnim Eichholz: Warum ist es am Rhein so fies?

Schlagartig, so hatte sich Verleger Witsch das gewünscht, sollten heute 45 auserwählte Kritiker seinen neuen Böll besprechen: am Start der ersten Buchauflage (immerhin 25 000) und am Ziel des Vorabdrucks in einer überregionalen Zeitung. Tun wir ihm also den Gefallen, schlagen wir mit, vergessen wir die mitgelieferten Treibsätze (»schönste, intensivste, traurigste Liebesgeschichte der modernen Literatur«) samt Klappentext (»äußerste Wahrheit«, »ungeheuere Spannung«) und halten wir die eigene Klappe nicht länger.

Ob ausgerechnet ein antikatholischer Clown (anti heißt hier auch soviel wie: außer dem Papst sind ihm alle zu wenig katholisch) zur Besteller-Spitze aufsteigt, um Pius XII. herunterzuholen, der dort literarisch völlig unverdient (in Hochhuths »Stellvertreter«) exponiert worden ist? Böll, dieser Meckermann, macht's möglich. Er vergeudet seine Fabulierkraft nicht an stilistischem Heckmeck; er baut deftige Szenen in vertrautem Milljöh, schildert realistische Details und reflektiert verschmitzt, wo andere auf der Suche nach Bedeutung ins Surreale oder Humorlose ausscheren. Die Böll-Gemeinde schätze sein (linkes) Wort am rechten Fleck, seine joviale Kurzatmigkeit, ja viele lieben ihn schon aus Trotz gegen das, was sich vielleicht Uwe Johnson oder Robbe-Grillet unter neuer Prosa vorstellen . . . Ja, wenn Böll seinen Clown nur zu baren Unterhaltungszwecken so verkommen ließe – dann wäre daraus das bundesdeutsche Tagebuch eines Taugenichts von 1963 geworden. So aber müssen Vater, Mutter, Generaldirektor, protestantische Köchin, katholischer Funktionär samt den benannten oder anonymen Randfiguren fast durchweg miese, irgendwo angeknackte Leute sein, bloß damit der simple Clownsblick auch noch gesellschaftlich-durchdringend wirkt.

Eine glossale Existenz wie dieser Clown mag aber ansehen und -stellen, was sie will, glaubwürdig ist sie nur im Jux, in der offen gezeigten gesellschaftlichen Unbeholfenheit. Literarische Verhaltensforscher könnten also argwöhnen, daß Böll das Unbehelfliche seiner hier zweifellos investierten eigenen Gesellschaftskritik zugibt, indem er ins Clowns-Ich schlüpft. Doch nein, das Arbeitsprogramm läuft natürlich unter »ernst gemeint«.

Kaum eine Kom(m)ödchen-Figur aus der einstigen NS- über die US- bis zur heutigen PS-Zeit scheint vergessen zu sein, jede kriegt ihr (teilweise ranziges) Fett ab . . . Auf allen 300 Seiten aber hört man schon jetzt die Lacher der künftigen Dichterlesungen heraus. Auch dieser Erfolg auf Kosten der Verhältnisse (sie sind nicht so) wird mangels noch besserer Erzähler mit Recht ein rauschender sein (Tip: 100 000). Und anderswo werden sie sich wiederum um die herrlich komisch ausgemalten Kotzbrocken aus Deutschland reißen, die ja nur bestätigen, wie unmenschlich und roh es unter diesen Katholiken, Funktionären und Managern der Wohlstandsgesellschaft zugeht, und wie da ein Böll nottut: der den widerlichen Deutschen am Rhein endlich die Maske vom Gesicht reißt (nicht ohne vorher selber eine aufzusetzen) . . .

Manchmal spießt der Clown bei anderen Leuten gespreizte Ausdrücke wie »fleischliches Verlangen« oder »Niveau« in Anführungszeichen auf und gibt vor, sie unerhört grotesk zu finden – wenn er aber dann selber sagt, er sei »leiblicher Sohn jener besagten Dame« oder gar »ich erschrak jedes der beiden Male . . .«, dann soll's wohl eine Art pfeifenschmauchende Plauderlaune sein . . .

Und wie rührend das Angebot zum Verständnis der Gegenwart: »Die Emigranten wissen auch nicht, daß nur wenige Nazis an die Front geschickt wurden, gefallen sind fast nur die anderen . . .«, und wie bürgerschrecklich das Bonner Augenzwinkern: »Es würde mich nicht wundern, wenn sogar die Vertreter des Heiligen Stuhls anfingen, sich über Nuttenmangel zu beklagen . . .«

Aber was erwarten Sie sich denn von einem Clown? Schließlich heißt das Buch nicht

»Ansichten eines vormals armen Heinrich« – Böll wollte halt treffen, ohne zu schießen. Ob er außer den harmlosen Lachmuskeln auch ein paar wichtige Organe der Bundesrepublik getroffen hat, bleibt also reine Ansichtssache, und wer nicht zufällig Clown ist, möchte das eher verneinen.

(In: Münchner Merkur, 11./12. 5. 1963)

Stellungnahme der »Katholischen Aktion« zum Vorabdruck des Romans

Wir wollen zunächst nicht über den literarischen Wert oder Unwert dieses Romans befinden. Darüber mögen berufenere Kritiker urteilen, die, soweit das abzusehen ist, sehr geteilter Meinung sein werden. Es geht uns ferner auch nicht darum, inwieweit der Roman ein echtes Problem aufgreift und es in einer berechtigten oder unberechtigten Weise behandelt. Bei einer zusammenhängenden Lektüre mag man dieses Problem in der Frage nach dem Sinn und Ziel der Ehe, genauer gesagt der Naturehe, gegenüber der ehelichen Institution sehen. Wie dem auch sei, man weiß nicht genau, ob Böll die Eheproblematik dazu benutzt, um seine Angriffe gegen das Katholische und Kirchliche zu motivieren, oder ob umgekehrt diese Angriffe sein eigentlicher Zweck sind, bei dem die Eheproblematik nur als Vorwand dient. Wesentlich erscheint uns die Veröffentlichungsform. Der Roman erscheint in Fortsetzungen und wird in Fortsetzungen gelesen. Diese Tatsache führt zweifellos dazu, daß von der eben angedeuteten Problematik nicht viel übrigbleibt, vor allem nicht beim Durchschnittsleser, der ja auch den größten Teil Ihres Leserkreises ausmacht. So treten die Angriffe gegen alles Katholische und Kirchliche, gegen kirchliche Lehren, Institutionen, gegen das Handeln der Kirche und kirchlicher Persönlichkeiten primär in den Vordergrund, zumal sie in der Form der terrible simplification vorgebracht und in ihren Verallgemeinerungen haltlos werden. Das gleiche gilt für die Auslassungen und Schilderungen sexueller Intimbereiche, die, als Fortsetzungen dargeboten, nichts mehr mit einer Problematik zu tun haben, sondern lediglich aufreizend wirken müssen und den Charakter banaler, stellenweise schamloser Bettgeschichten annehmen. Die Veröffentlichungsform zwingt uns also dazu, darin eine immer wiederholte antikirchliche und insbesondere antikatholische Tendenz sehen zu müssen, gleichgültig ob sie von der Redaktion oder vom Autor beabsichtigt ist.
Ferner hat diese Veröffentlichungsform zur Folge, daß Ihren etwa 220 000 Abonnenten und noch mehr Lesern diese Dinge dargeboten werden, ob es sich nun um Durchschnittsleser oder um speziell literarisch Interessierte handelt. Zumal für Kinder und Jugendliche, die von der Schule aus angehalten sind, die Tageszeitung zu lesen, ist eine solche Lektüre vom erzieherischen Standpunkt aus gänzlich ungeeignet. Damit wird eine äußerst bedenkliche Entwicklung eingeleitet. In Buchform könnte der Roman nicht nur im Zusammenhang erfaßt werden, sondern er würde auch nur von jenen ausgewählt, die sich dafür interessieren. Hier aber wird einem in literarischer Hinsicht völlig inhomogenen Publikum dieser Roman gewissermaßen zwangsweise im Abonnement geboten.
Eine große Gefahr sehen wir auch darin, daß Böll seit Jahren in weiten Kreisen der Presse als der katholische Schriftsteller des Nachkriegsdeutschlands galt und heute noch gilt. Auch Joachim Kaiser hat das in seiner Einleitung zum Roman besonders hervorgehoben. Muß es nicht den katholischen Leser verwirren, wenn ihm dieser Roman auch noch als der eines katholischen Schriftstellers vorgesetzt wird?
Alle diese Bedenken und Gründe, wir wissen das, ergeben keinen rechtlich angreifbaren Tatbestand. Aber was hier entschieden und eindeutig verletzt wurde, sind die primitivsten Grundsätze der Presseethik, die Verantwortung des journalistischen Vermittlers. Wir können nicht umhin, in diesem Falle ganz klar und unmißverständlich auszusprechen, daß die

Süddeutsche Zeitung mit der Veröffentlichung dieses Romans ihre Verantwortung gegenüber der Öffentlichkeit, oder wenn Sie wollen, der katholischen Öffentlichkeit, die einen Großteil auch Ihres Leserkreises ausmacht, in grober Weise verletzt hat. Wir leugnen nicht, daß es Gründe genug gibt, die eine Kritik an der gelebten katholischen Wirklichkeit herausfordern. Aber wir lehnen eine Kritik in dieser Form und auf diese Weise ab.

(In: Süddeutsche Zeitung, 17. 5. 1963)

Wilhelm Grenzmann: »Ansichten eines Clowns«

Mit dieser Erzählung sind Grenzen überschritten, die einzuhalten die Verantwortung gebietet, sowohl handlungsmäßig wie auch stilistisch. Dem Clown sind auf seine schwachen Schultern Lasten gelegt worden, die er nicht tragen kann. Er trägt die ganze Masse von Bölls Anklagen oder – Ressentiments. Er gibt eine schlechte Figur ab, da er Ansichten und Forderungen vorträgt, die man nicht rechtfertigen kann. Die Handlung selbst ist arm – sie tritt hier ganz in den Hintergrund zugunsten intensiv vorgetragener Meinungen und Vorwürfe. Es gibt nur die Hoffnung, daß der Clown als Figur einer spielerisch schaffenden Phantasie zu verstehen ist und von Böll selbst nicht ganz ernst genommen wird. Aber auch in diesem Fall wäre die Frage zu stellen, ob die Späße des Narren dem Gegenstand angemessen sind.

Gegen diese Erzählung also sind viele Einwände zu erheben. Vor allem auch dieser: daß das Bild der Gegenwart grotesk verzeichnet ist. Die Wirklichkeit ist jedenfalls vielschichtiger und komplizierter, als aus den weithin klischeeartigen Zeichnungen hervorgeht. So verständnisvoll Böll sich im Lebens- und Denkkreise der einfachen Menschen aufhält, so weit entfernt ist er vom Ganzen des Lebens. Angesichts der unfruchtbaren und – wie in diesem Fall – peinlichen Polemik erhebt sich der Wunsch, Böll möchte doch – wieder einmal – die Grenzen dieser seiner engen Welt überschreiten und mit den Augen der Gerechtigkeit erkennen, wie viel echtere Lebenswirklichkeit bei allen denjenigen vorhanden ist, die er so sehr zu verabscheuen scheint, auch bei den »Reichen«, beim Kapital, bei den Gesellschaften, bei den Institutionen. Wieviel Mühseligkeit in der Stille getragen, wie viele Opfer ohne viel Aufhebens gebracht werden, wie viele Menschen ihr Leben im Wohltun dahingeben, wie viele im Dienste an anderen sich aufzehren und ihr Dasein in Wahrheit den höchsten Zwekken widmen. Es könnte sein, daß Böll, vom Ressentiment befangen, es nicht der Mühe für wert hält, diejenigen auf ihre Redlichkeit und Wahrheitsliebe hin zu prüfen, die er »Konformisten« nennt; daß es ihm schwer fällt, zu glauben, daß es in den Köpfen der politisch Tätigen, der Verantwortlichen, der Machthaber, der Lenker der Herzen und der Seelen ebenso viel Melancholie, Traurigkeit und Schmerz über Schwäche gibt und viele inneren Kämpfe, gerade deshalb, weil so vieles scheitert trotz aller Anstrengungen. Es bedürfte des großen Gegenbeispiels zu seinen bisherigen Gestalten, der bedeutenden Menschen weltlichen und geistlichen Standes, die an ihrer Aufgabe zerbrechen, weil sie sich in dieser Welt der Widersprüche nicht durchsetzen können und der Tragik des Daseins zum Opfer fallen. Schuldige? Wir alle sind es. Aber wir dürften über die Schuld der anderen nur wenig sagen, bevor wir nicht die äußerste Kraft daran setzen, die Welt ins Bessere hinüberzuführen, soviel wir vermögen.

Was also ist abschließend zu sagen? Viel Gutes über Bölls vergangene Schriftstellerei, viel Hoffnung auf das Zukünftige, wenig Gutes über seinen Clown. Das Bild Deutschlands, das Böll im Kopf trägt, mag zum Nachdenken anregen, aber es ist gewiß nicht im vollen Sinne unsere Wirklichkeit, und bei der ungeheuren Verbreitung, die das Werk Bölls erfährt – auch der Clown wird seine Runde machen – bewirkt es bei seinen deutschen Freunden Beklemmung, daß das Ausland, daß die literarisch Interessierten daran gewöhnt werden, Deutschland mit seinen Augen zu sehen und zudem ein böses Bild vom westdeutschen Katholizismus zu erhalten.

(In: Echo der Zeit, 16. 6. 1963)

Elisabeth Endres: Das unverwaltete Sakrament

Die Begegnung mit der dramatischen Gattung hat Bölls Erzählstil geändert. Jene Tendenz zur kurzen episodischen Geschichte, die Walter Jens konstatierte, ist nun einem großen Handlungsbogen gewichen, der merklich von den dramatischen Einheiten lebt. Und ebenso trat an die Stelle der realistischen Vertrautheit mit den kleinbürgerlichen Einzelheiten die gelungene Unterordnung dieser Details zu einer Linie der Gesellschaftskritik, die mehr ist als satirischer Protest.

[...] Als der Clown sich herrichtet, um sich etwas Geld zusammenzubetteln, macht er eine kindische Parodie eines Kinderliedes: »Der arme Papst Johannes hört nicht die CDU.« Das ist schon jenseits von Politik wie jenseits von Sinn, es ist etwas wie eine unsinnige Hoffnung auf einen Katholizismus, der sich von alldem befreit hat, was man hier mit seinem Namen verbindet, und sich eines der ältesten Epitheta ornantia und des größten, der Armut, wieder annimmt.

Vieles wäre noch zu Bölls Kunst zu sagen; zu der intensiven Atmosphäre, die das Leid des Hans Schnier schafft, zu den ausgezeichneten Rückblenden, zu seiner Charakterisierungskunst. Aber wichtiger scheint es mir, daß sich in diesem Leid eines Clowns die Ansicht des konsequenten Christentums kundtat – und das in vollkommener Erkenntnis der heutigen, hiesigen Situation.

(In: Deutsche Zeitung, 25./26. 5. 1963)

Jost Nolte: Er schreibt der Mehrheit nach dem Mund

[...] Sicherlich, es gab solche Mütter. Sie schickten ihre Kinder geradewegs in den Tod und beteten dabei die Propagandaphrasen nach, hinter denen die Namen Auschwitz und Treblinka standen.

Man weiß das alles, und natürlich weiß es auch Böll. Weiß er es wirklich? Wie kann er sich dann mit so billigen Späßen zufrieden geben? Wie kann ihm genügen, daß er eine lächerliche Frauensperson gezeichnet hat, eine Witzblattalte? Es ging ihm nur um seinen Helden? Die anderen sollten getrost Karikaturen bleiben, wenn nur stimmte, was der Clown im Mittelpunkt dachte und tat? Warum ließ Böll sich dann nicht mehr einfallen für ihn? Das bietet er an: Als Hans Schnier erfuhr, daß seine Schwester tot war, stürzte er in ihr Zimmer und warf alles, was ihm in die Hände kam, aus dem Fenster. Er wußte kaum, was er anstellte. Es war blinde, verzweifelte Rache an der Welt, die er nicht begriff.

Eine kräftige, eine originelle Szene? Eine sehr ähnliche Partie, nur viel exakter, ohne alle aufgesetzte Dramatik, findet sich in Jerome David Salingers »Fänger im Roggen«, und für die Übersetzung dieses Buches aus dem Amerikanischen zeichnete Heinrich Böll jüngst verantwortlich. – Man muß gar nicht von Plagiat sprechen. Man kann an »Anregung« glauben. Imponieren wird Böll damit gewiß nicht. Der zweite Aufguß schmeckt zu schal. [...] Es geht um »die größte Reibung zwischen dem einzelnen und der Geschichte«. Böll bastelt erschreckend ungeschickt an diesem Experiment. Oder ist er, im Gegenteil, allzu handfertig? Will er nicht mehr, als er erreicht? Ein bißchen Schrecken, ein wenig Gewissensnot,

gerade genug, damit der Leser zusammenzuckt vor dem Gestern und sich gleich wieder behaglich fühlt im Heute?
Gewiß, Böll schreibt ja vor allem gegen die Heuchler und Schönredner, die Intriganten im Namen eines Ideals, die unter uns leben. Aber was sagt er denn, was nicht alle Welt ohnehin glaubt? Daß Geldleute, »fortschrittliche Katholiken«, Politiker in Bonn, daß (in einem schmalen Kapitel) auch Funktionäre in der Zone gezaust werden, wen regt das – von ein paar Betroffenen abgesehen – wirklich auf? Der Rest der Bundesrepublikaner darf diese Kritik in vollen Zügen genießen. Und der Rest sind neunhundertneunundneunzig von tausend.
Liegt darin der Erfolg des Heinrich Böll, daß er den Leuten nach dem Munde redet? Nach diesem Buch gibt es daran kaum noch einen Zweifel.

(In: Die Welt, 11. 5. 1963)

Joachim Günther: Meinungsstreit um den neuen Böll

[...] Böll ist ein bitterer, aber eigentlich nie ein böser Autor. Er ist auch in antikirchlicher Attitüde so »schrecklich katholisch«, daß man es fast ein wenig verstehen kann, wenn diese Erzählung gerade bei vielen bisherigen Böllfreunden aus dem Lager der Indifferenz Mißtrauen in die Tragweite solcher Polemik verursacht hat. Hinter der scharfen Zugluft wittert der wirklich Ungläubige dennoch den Weihrauch. Ähnlich dürfte es sich mit den Exportaussichten des Buches nach dem Osten verhalten: das eine kurze vernichtende »DDR«-Kapitel in Erfurt wird hinreichen, die Literaturfunktionäre drüben (vielleicht aber nicht in der Sowjetunion oder in Polen, Ungarn und so weiter?) den neuen Böll unter Quarantäne stellen zu lassen. Inzwischen bleibt freilich die Hauptstoßrichtung der Geschichte auf Bonn und die Bundesrepublik gerichtet – aber da sind wir Schärferes gewöhnt. Im Wesentlichen gehört das Buch als wichtigster dichterischer Beitrag in den im Gange befindlichen Selbstreinigungsprozeß der westdeutschen CDU-Gesellschaft und ihrer Sozialverhältnisse hinein, für den auch andere gegenwärtige Bestseller-Autoren und Werke von Ulrich Sonnemanns »Land der unbegrenzten Zumutbarkeiten« bis Rolf Hochhuths »Stellvertreter« oder Carl Amerys »Kapitulation« zugleich symptomatisch und förderlich sind.

(In: Der Tagesspiegel, 30. 6. 1963)

5.2 Literaturwissenschaftliche Ansichten

Hans Joachim Bernhard: Vom Anspruch der Geschichte

Es ist nötig, Bölls Roman nicht ohne Ansehen der Situation des Romans in Westdeutschland zu betrachten. Böll nähert sich einer Romankonzeption, die für eine nicht geringe Zahl westdeutscher Autoren bestimmend ist. Hier wird die Zeitkritik von der Position eines abstrakten moralischen Anspruchs vorgetragen, der der Weltauffassung des Autors entsprechend unterschiedlich stark subjektiv gefärbt ist. Gemeinsam aber ist, daß wir nirgends auf die Darstellung positiver Gegenkräfte, die Darstellung der konkreten Lebensformen der humanistischen geschichtlichen Kräfte treffen. Deshalb spielen in solchen Romanen etwa Charakter und Entwicklung der Hauptgestalt eine untergeordnete Rolle. Es wird auf die Identifizierungsmöglichkeiten verzichtet. Hans Werner Richter zum Beispiel stellt uns in seinem »Linus Fleck« einen Vierzehnjährigen vor, der durch Zufall vorübergehend Wirtschaftswunderheld wird, Günter Grass in der »Blechtrommel« jenes monströse Zwitterwesen aus Über- und Unterentwicklung. Erlebnisse und Erfahrungen der Hauptgestalten sind hier nur das Vehikel einer ironisch-satirischen, grotesken, mitunter zynischen Zeitkritik. Böll nähert sich in bestimmten Zügen einer solchen Konzeption. Wir dürfen nicht übersehen, daß die deprimierte Verfassung, in der wir den Clown am Ende des Romans auf der Treppe des Bonner Bahnhofs bettelnd vorfinden, als »Weg in die Gosse« schon im Anfang als »Berufsschicksal« vorgezeichnet wird. Dies betonen heißt hier nicht die Gründe für dieses vorschnelle, sozusagen unplanmäßige Absinken übersehen. Bölls Clown ist ebensowenig nur Sprachrohr des Autors wie überhöhte Gestalt aus der literarischen Tradition der Schelmen, kein Verwandter des Felix Krull, obwohl das offensichtlich ein fruchtbarer Weg zur Objektivierung wichtiger Probleme gewesen wäre. Die Uneinheitlichkeit des Romans, seine künstlerischen Schwächen beruhen darauf, daß Böll eine Gestalt wie den Clown wählt, um zu profilierter Zeitkritik vorzustoßen, ihm aber gleichzeitig eine Last aufbürdet, die für ihn zu schwer ist, nämlich Träger der den Autor bewegenden Fragestellung nach den geschichtlich wirksamen antiimperialistischen Kräften zu sein.

(In: Neue deutsche Literatur 1964, H. 6, S. 112f.)

Klaus Hermsdorf: Problematisches Bekenntnis zum Nichts

Wer in Bölls Clown einen Nachfahren Eulenspiegels vermutet hatte, sieht sich enttäuscht. Hans Schnier ist kein komischer Provokateur, kein triumphierender Schelm, kein überlegener Spötter über eine mächtige, aber heimlich schon ohnmächtige Welt. Obwohl er das zu sein auch versucht hat. Zu seinem pantomimischen Programm gehörten Nummern wie »Verteidigungsrat«, »Der Kardinal«, »Aufsichtsrat« oder Imitationen von Adenauer und Erhard (»was auf eine deprimierende Weise einfach ist«). Aber diese satirischen Etüden werden im Roman nicht ohne Ursache nur beiläufig erwähnt.
Denn Bölls Bekenntnis zum Clown ist nur eine andere Form des Bekenntnisses zum »Nichts«. Er ist Künstler in der Rolle des Clowns, aber diese Rolle soll ihn vor allem der Notwendigkeit entheben, etwas zu sein und *für* etwas zu sein. [...]
Bölls Roman »Ansichten eines Clowns« trägt alle Zeichen eines widerspruchsvollen Übergangs. Angelegt als Gesellschaftsroman, wurde daraus ein Künstlerroman. Anklage verkehrte sich in Selbstanklage; aus einer komischen Erzählung wurde ein verzweiflungsvolles Bekenntnisbuch. Die »Ansichten eines Clowns« stehen offenbar zwischen einer abgeschlossenen Periode im Schaffen Bölls, und einer, die noch nicht recht begonnen hat. Ein Übergang – man fragt sich nur beklommen: ein Übergang wozu?

(In: Neue deutsche Literatur, 1964, H. 1, S. 136ff.)

C. A. M. Noble: Die »Ansichten eines Clowns«

Böll kommt hier seiner Vorstellung eines Romans, der idealerweise in einer Minute spielen müßte, näher als je zuvor. Die Hauptfigur erscheint zugleich als Ich-Erzähler, weil Böll als Autor vollständig zurücktritt. Das eigentliche Geschehen – es ist kaum als Handlung zu bezeichnen – verläuft innerhalb von nur ungefähr zwei Stunden an einem Märztag des Jahres 1962. Der geld- und arbeitslose, von seiner Geliebten verlassene Clown führt in dieser stark reduzierten Zeitspanne wegen seiner Notlage im wesentlichen Telefongespräche, die zusammen mit assoziativen Erinnerungen die eigentliche Erzählzeit des Romans gliedern. Die eigentlich erzählte Zeit von 1945 bis 1962 wird in einem über dreihundert Seiten langen Ich-Monolog aufgenommen, in dem Verschiedenes gemischt wird: Gegenwärtiges und Vergangenes, Gespräche und Argumente, Reflexionen, Anmerkungen und natürlich Ansichten.

Somit wird die augenblickliche Bewußtseinslage der Hauptfigur von höchster Bedeutsamkeit für die Romanstruktuierung: das auf den Innenraum reduzierte Heldenbild bewegt sich im Bereich der zufälligen Bewußtseinsinhalte, die selber in den Vordergrund treten und die äußere Realität der Umwelt wie der Figur selbst nur in den Umrissen erscheinen lassen. Die Zeit, die das Mittel chronologisch gegliederten Vorgehens hätte sein können, vermag deshalb nicht mehr die Rolle eines ordnenden Prinzips zu spielen; Bölls durchaus komplexer Auffassung der Zeit zufolge – er sieht in ihr »Augenblick, Ewigkeit, Jahrhundert« – läßt sich der Roman strukturell nur durch Hilfsmittel aufbauen. Abgesehen von der realen Ebene, der Gegenwart, und der »Reflektiv- oder Erinnerungsebene« bezeichnet Böll als dritte strukturierende Schicht die Motive; und in den *Ansichten* wird das Motiv der Untreue Maries und ihrer Entscheidung, einen anderen zu heiraten, durch wiederholtes Reflektiertwerden zum die Struktur des Romans bestimmenden Angelpunkt der Aufzeichnungen. In diesem wiederholten Augenblick aus dem Erlebnis des Clowns und in der Wiederholung des Erlebnisses *als* Augenblick erkennt man die tiefere Bedeutung von Bölls Aussage, daß der ideale Roman »in einer Minute« spielen müßte: der Reduzierung der Zeit auf einen Augenblick, was endgültig die Auflösung des Romans bewirken könnte, erscheint als Gegengewicht das mehrfache Wiedererleben des Augenblicks als einer Art novellistischen Höhepunkts, der zugleich Ausgangs- und Zulaufepunkt der Aufzeichnungen bildet, ohne jedoch dabei für mehr als eine sehr offene und ungeometrische Form zu sorgen.

(Aus: C. A. M. Noble, Die »Ansichten eines Clowns« und ihre Stellung in Bölls epischer Entwicklung. In: Manfred Jurgensen [Hg.], Böll. Bern: Francke Verlag 1975, S. 158f.)

Evelyn T. Beck: Ein Kommentar aus feministischer Sicht

Wenn es wahr ist, daß wir, um Hans, die Hauptfigur, zu verstehen, die Welt mit seinen Augen sehen müssen, bedeutet dies jedoch nicht, daß wir seine Wertmaßstäbe unkritisch zu akzeptieren haben, die ihn mit indiskutabler Selbstverständlichkeit in den Mittelpunkt stellen.

Wir können damit beginnen, die »Verführungsszene«, wie die erste sexuelle Begegnung der Protagonisten von den meisten Kritikern euphemistisch bezeichnet wird, zu prüfen. Lesen wir den Text mit einem Minimum an Sorgfalt, so sehen wir, daß dies durchaus keine Verführungsszene ist, sondern eher eine Beschreibung, wie ein junger Mann, einer höheren Gesellschaftsschicht zugehörig, sein Bedürfnis, eine Frau zu »besitzen«, in die Tat umsetzt, und das an einem Tag, da dieses Bedürfnis als außerordentlich zwingend empfunden wird. Warum es gerade an diesem Tag als so dringend empfunden wird, ist aufschlußreich in sich selbst. Hans erklärt es, indem er sagt:

»Ich war einundzwanzig, sie neunzehn, als ich eines Abends einfach auf ihr Zimmer ging, um mit ihr die Sache zu tun, die Mann und Frau miteinander tun. Ich hatte sie am Nachmittag noch mit Züpfner gesehen, wie sie Hand in Hand mit ihm aus dem Jugendheim kam, beide lächelnd, und es gab mir einen Stich. Sie gehörte nicht zu Züpfner, und dieses dumme Händchenhalten machte mich krank.« (S. 39)

Da Hans sich wiederholt auf das Händchenhalten und den Stich, den er fühlte, bezieht, ist man versucht, daraus zu schließen, daß der Anstoß, gerade an diesem Abend »diese Sache mit ihr zu tun« (als er seinem eigenen Eingeständnis nach keinerlei sinnliche Begierde verspürte), wenigstens zu einem gewissen Maß seiner Eifersucht und dem Bedürfnis, sein geringes Selbstgefühl zu stärken, entspringt. Dazu kommt, daß Hans Marie nicht einmal fragt, ob sie mit ihm schlafen wolle. Der Text macht es nämlich ziemlich klar, daß sie es lieber nicht wollte, aber, als er mehr oder weniger darauf besteht, nicht fähig ist, seine Forderung zurückzuweisen. Keine besonders romantische Art, eine Liebesbeziehung anzuknüpfen, von der Hans erwartet, daß sie ein ganzes Leben währen soll. Besonders aufschlußreich ist die Tatsache, daß Hans im vornherein weiß, daß Marie, wenn sie ihm nachgibt, wie er es auch nicht anders von ihr erwartet, aus der Gesellschaft ausgestoßen und zum Verlassen der Schule gezwungen werden wird, und das nur ein paar Tage vor dem Abitur. Er weiß auch, wie schwer es für ihren Vater gewesen ist, das Schulgeld zu bezahlen. Hier wird der Klassenunterschied zwischen Marie und Hans besonders deutlich: Im Gegensatz zu Marie hat Hans selbst wenig zu verlieren, erstens, weil Männer ja an ihrer Ehre keinen Schaden nehmen, wenn sie voreheliche Beziehungen eingehen, im Gegenteil!, zweitens, da er nicht katholisch ist, und daher weniger unter Druck steht, und drittens, da er die Schule ohnehin schon verlassen hatte und das Abitur auf keinen Fall machen würde. Nie stellt Hans Maries Entscheidung in Frage, ihre Familie, ihre Freunde und jedwelche Pläne, die sie eventuell gehabt hatte, aufzugeben, um mit ihm von Hotel zu Hotel zu ziehen. Darüber hinaus denkt Hans die ganzen Jahre hindurch, die Marie mit ihm verbringt, kein einziges Mal ernsthaft daran, daß sie ein denkender Mensch ist, durchaus fähig, ihre eigenen Entscheidungen zu fällen. (Er sucht sogar die Kleider für sie aus und bestimmt die nötigen Änderungen.) Als Marie ihn verläßt, kann er sich nur vorstellen, daß es geschieht, weil die »Anderen« sie dazu überredet haben. Wenn sie einmal an sich selbst denkt, stört es ihn.

(Aus: E. T. Beck, Ein Kommentar aus feministischer Sicht zu Bölls »Ansichten eines Clowns«. Übers. v. Heide Wilde. In: Zu Heinrich Böll, hg. v. Anna Maria dell'Agli. Stuttgart: Ernst Klett Verlage 1984, S. 59f.)

5.3 Bühnenfassung und Film

Gerd Vielhaber: Böll – für die Bühne eingerichtet

Als ein Theaterstück im dramaturgischen Sinne kann »Der Clown« (so der Titel der szenischen Fassung) nicht angesehen werden. Bölls Thema, das tragische Schicksal des Hans Schnier aus dem katholischen Milieu der Bonner Nachkriegsgesellschaft, den die politischen Usancen einer fatalen Verquickung von Religion und Konfession zur Flucht aus dieser bürgerlichen Gesellschaft ins freiwillige Exil einer Clowns-Existenz treiben, eines Ausgestoßenen, eines seiner Schwäche und seines Scheiterns bewußten »verlorenen Sohnes«, ließ sich natürlich in der Bühnendimension nur in fragmentarischen Ausschnitten realisieren. Böll selber umschreibt dieses szenische Wagnis mit unüberhörbar distanzierter Bescheidenheit als »Entfernung von der Prosa.«.
Radok, der den »Überzeugungsprozeß« mit den Möglichkeiten des Theaters veranschaulichen will, reduziert und konzentriert die Vorgänge ganz auf die Person des Clowns, in einer »Entfernung aus der Realität« in eine Zeit- und Raumebenen aufhebende »Irrealität der Erinnerungen«, die eine neue, transparente Wirklichkeit vorspiegelt. Vergangenheit, Gegenwart und Zukunft überschneiden sich, gehen wechselseitig ineinander über. Radok benutzt dabei neben der Musik (Jacques de Lescaut) und der Pantomime (Choreographie: Elmar Gehlen) die konkreten Mittel der Projektion und des Films. Die Szene ist die Manege, in der Hans Schnier seine Clownsspäße treibt und gleichzeitig die Geschichte seines Lebens erzählt, die sich in seinen Gedanken abspielt. Es ist die Klage um seine verlorene Liebe, um Marie, die ihn verließ, weil er die schriftliche Erklärung verweigerte, seine künftigen Kinder katholisch erziehen zu lassen.

Der monologische Charakter beherrscht die Struktur des szenischen Entwurfs. Die realen Auftritte in der Handlung werden immer wieder durchbrochen von Gesprächen in der »Vorstellung des Clowns«; sie gehen über in imaginäre Dialoge mit den Partnern der Vergangenheit, die in die Manege treten oder auf kleinen Nebenbühnen, in Kabinetten und Nischen agieren. Die Begrenzung auf die Liebesgeschichte, auf die Trennung von Marie, die dadurch bedingte Vernachlässigung der sozialkritischen und im Roman deutlichen antiklerikalen Schärfe enthüllt eine entscheidende Schwäche, die nicht durch den Gewinn atmosphärischer Dichte und poetischer Transparenz aufgewogen wird. Die Gestalten, Marie nicht ausgenommen, gewinnen nur noch schemenhaft Profil. Christiane Hammacher hat kaum Gelegenheit, ins »Spiel« zu kommen.

Dennoch faszinieren immer wieder Details (wie sie ja typisch und wichtig gerade für Bölls Erzählweise sind). Etwa in den traumverlorenen kurzen Auftritten der als Flakhelferin umgekommenen Schwester Henriette (Slyvia Ulrich), in den Telefongesprächen des Clowns mit der dümmlich-prätentiösen Mutter (von Tatjana Ivanow bestechend charakterisiert), bei der peinigenden Aussprache mit dem spießigen, wandelnden Geldsack von Vater (Arthur Mentz: ein Konterfrei entrüsteter Betroffenheit) oder in der Debatte mit dem kaltschnäuzig-jovialen Manager Wolfgang Foresters.

Wolfgang Reinbacher in der Maske des Clowns fügt früheren Erfolgen eine neue Glanzleistung hinzu. Er durchmißt mit beinahe traumwandlerischem Instinkt die verschiedenen Ebenen und existenziellen Schichten, die sich überlagern, ein tragi-grotesker Harlekin in seinen (zu Beginn fast zu ausführlichen) pantomimischen Aperçus, komödiantisch diszipliniert bei aller Vitalität in der intelligenten Darstellung eines doch nur mittelmäßigen Spaßmachers, der in den Ausbrüchen von Zorn und Verzweiflung, in seiner Melancholie nie die Grenze zur Sentimentalität überschreitet, von der die Rolle bedroht ist. Staunenswert, wie Reinbacher, geführt von der sensiblen, fantasievollen Hand Radoks, die introvertierte Natur Hans Schniers trifft, die Übergänge in die Irrealität der Gedankenmonologe zu differenzieren weiß, auch in jenen stummen Passagen, wo nur die Stimme des Clowns (auf Tonband) seine Reaktionen begleitet. Reinbacher wurde verdient gefeiert.

(In: Der Tagesspiegel, 25. 1. 1970)

Reinhold Lindemann: Juxbursche im Karneval

Der Regisseur, Alfred Radok, hat die für den Böllschen Clown ärgerniserregenden Gesellschaftsklischees, die sich auf verschiedenen Zeit- und Raumebenen abspielen, im Hintergrund des schimmernden Karnevals visualisiert, aber es bleiben nur Bilder, sozusagen mit dem Zeigefinger hervorgeholte Schattenspiele schöner und scheußlicher Frustration, die den Beschauer ebensowenig betreffen, wie sie Bölls Clown zu echter Entlarvung von Schund und Schwindel der Gesellschaft provozieren können. Daß überhaupt dieser Clownsfigur, die als letzte Zuflucht vor der verderbten Welt das Narrenkleid anzieht, ein harter, hieb- und stichfester Gegenspieler fehlt, ist der Hauptmangel des Stücks, besiegelt am Ende seine theatralische Wirkungslosigkeit. In der Begegnung mit dem Vater (von Arthur Mentz knapp profiliert) sind Ansätze zu einer Auseinandersetzung da – aber den plappernden Prälaten kann man doch wohl (auch wenn man außerhalb der Dommauern steht) nicht als wirklichen Vertreter des von Böll attackierten Krisenregimes ernst nehmen. Wer Priester zu Bühnenpopanzen degradiert, trägt nicht zur Erneuerung der Kirche bei, eher zur Verhärtung ihrer leblos gewordenen Tradition.

Waren Bölls »Ansichten eines Clowns« schon ein mißglücktes episches Unternehmen – die Übertragung des Buches auf die Bretter hat es vollends als bar jeder Überzeugungskraft erwiesen, trotz allen Versuchen des Autors, den Text von 1962 zu entstauben. Auf diesem Wege und mit diesen Mitteln kommt das Theater keinen Schritt weiter. Ein Königreich für eine Szene aus Pavel Kohouts Clownstragödie, die im Raubtierkäfig endet. Bölls Clown jedoch intonierte vor der Beerdigung zum Schluß die lauretanische Litanei. Er ist eben nach Bölls üppigem Anspruch Hanswurst Gottes, Gottes eigener Clown. Da bleibt bei Rheinländern jeglicher Konfession kein Herz hart und kein Auge trocken: wie die Fußballfans »Uns Uwe« zujubeln, so klatschte ein Häuflein avantgardistisch sich dünkender rheinischer Theaterbesucher bei der Düsseldorfer Aufführung »Uns Böll« auf die weltbedeutenden Bretter.

(In: Stuttgarter Zeitung, 26. 1. 1970)

Wolf Donner: Die Leiden des jungen Schnier

Die Umsetzung des Romans in den Film, der Erinnerungen und vielen Telephonate Schniers in reale Rückblenden ist glaubwürdig und sehr genau: sozusagen eine optimale Literaturverfilmung. Viel authentischer Text ist erhalten im durchgehenden inneren Monolog Schniers wie in den von Böll geschriebenen Dialogen, und Walter Lassallys Kamera dient der Vorlage mit funktionalem Realismus.

Aber das Buch erschien 1963, die Handlung spielt 1960, die Erinnerungen in den fünfziger Jahren und in der Nazizeit. Und heute ist 1976. Wenn Schnier ins feudale Elternhaus zurückkehrt, wo die gefühlskalte Mutter (Eva-Maria Meineke), die damals seine Schwester opferte, um »die jüdischen Yankees von unserer heiligen deutschen Erde wieder zu vertreiben«, sich nun geschäftig mit katholischem Priester, Rabbiner und Ex-Nazi zusammentut und Vergangenheit *nicht* bewältigt; wenn Schnier pathetisch mit einem Prälaten über Katholizismus und Sexualität streitet und kauzig mit einem dicklich-dümmlichen Seminaristen über seinen Glauben rechtelt, wenn Jasny nur den Böll von damals repetiert und illustriert, dann kommt einem der Film hoffnungslos veraltet vor. Die Adaption ist zu getreu, zu penibel; viele der unzähligen kleinen Episoden sind nichts als artige Offerten an die Buchgemeinde. »Sie mieser christlicher Vogel!« Na wenn schon.

Allein die private Geschichte der Titelfigur müßte eine Chance haben beim heutigen Kinopublikum. Die Leiden des jungen Schnier, des gescheiterten, verlassenen, der sich wundscheuert an der Unmenschlichkeit und Heuchelei seiner Umgebung, seiner schrecklichen Eltern, sein Weltschmerz und seine Einsamkeit, die im unendlich traurigen Schlußbild auf der Treppe des Bonner Hauptbahnhofs kulminieren: das rührt unmittelbar an, dieses Schicksal ist unter aktuellen Umständen vorstellbar.

(In: Die Zeit, 23. 1. 1976)

Renate Braunschweig-Ullmann: Zwischen Kirche und Familie

Ausgangspunkt der Bearbeitung und Dramatisierung war für Petra Wolko die Frage, inwieweit das Buch, das einst von der Katholischen Kirche auf den Index der verbotenen Bücher gesetzt wurde, für heutige Leser und Zuschauer noch aktuell ist. Die Isolierung des »Clowns« Hans Schnier durch die Katholische Kirche und durch die »gute Gesellschaft«, die durch die Mitglieder seiner Familie repräsentiert wird, ist ihrer Meinung nach ein Thema, das auch den Menschen von heute angeht.

Sie hat die Handlung auf wenige Szenen reduziert und arbeitet mit einem kleinen Personenkreis, um – in einer gemischten Abfolge von Konflikt-Dialogen, Monologen, Telefongesprächen und Rückblenden verschiedener Art – die Probleme der Hauptfigur und seine schwierigen Beziehungen zu seiner Familie [...] darzustellen. Maries Vater, den alten Derkum und ihren späteren Mann, den Berufskatholiken Züpfner, bekommt man allerdings in der Karlsruher Bearbeitung nicht zu sehen. Dafür wird die tote Schwester Henriette, die in Rückblenden lebendig wird, zur Leitfigur des »Clowns«, der die Anpassung an die Gesellschaft und die künstlerische Selbstinszenierung zurückweist.

(In: Badische Neueste Nachrichten, 1. 6. 1988)

Ingo Langner: Nur noch anachronistisch

[...] Ballmann lockt sein Publikum mit dem berühmten Namen des Nobelpreisträgers aus Köln.

[...] Die »Ansichten eines Clowns« sind 1963 erschienen, sie rechnen ab mit der Bundesrepublik zwischen Adenauer und Krupp. Böll schrieb sie im Schatten des Kölner Doms. Die verhemente Kritik am Katholizismus war seine Art, um Glauben und Seligkeit zu ringen. Bölls Roman ist ein Spiegel, in dem wir die Tabus unserer Republik in den fünfziger Jahren wiedererkennen. Er ist also heute schon ins Geschichtliche entrückt.

Die Szenenfolgen Ballmanns hatten 1985 in Zürich Premiere, schon vor fünf Jahren müssen sie seltsam anachronistisch gewesen sein. Heute sind sie das auf eine Art, die zur heftigen Widerrede schon kaum mehr reizt und nur noch melancholisch macht.

[...] der Clown Ballmanns hockt nach zwei Spielstunden mit dem Hut in der Hand am Rande der winzigen Bühne und sammelt Augenblicke: »Einen Augenblick bitte.«

„Es gibt nichts Schlimmeres als einen Clown, der Mitleid erregt." Diesen Satz sagt Ballmann gleich zweimal am Abend und er hat recht damit. Leider.

(In: Der Tagesspiegel, Berlin, 6. 2. 1990)

6 Literaturverzeichnis

1. Textausgaben

Ansichten eines Clowns. Köln 1963
Ansichten eines Clowns. München 1967 (= dtv 400)
Böll, Heinrich: Werke. Romane und Erzählungen, Bd. 4, hg. v. *Bernd Balzer*. Köln 1977, S. 67 – 266
Ansichten eines Clowns. Mit Materialien und einem Nachwort des Autors. Köln 1985 (= KiWi 86) – (nach dieser Ausgabe wird hier zitiert. Das Nachwort Bölls wird zitiert als »Nachwort, 1985«)

2. Bölls sonstige Werke

Böll, Heinrich: Werke, hg. v. *Bernd Balzer*. Köln 1977 und 1978
Für die einzelnen Bände werden folgende Siglen verwendet:
R I – V = Romane und Erzählungen, Bd. I – V
T = Hörspiele, Theaterstücke, Drehbücher, Gedichte, Bd. I
E I – III = Essayistische Schriften und Reden, Bd. I – III
J = Interviews, Bd. I

3. Bibliografien

Kaeufer, Hugo Ernst: Das Werk Heinrich Bölls 1949 – 1963. Dortmund ^{2}1963
Lengning, Werner: Der Schriftsteller Heinrich Böll. Ein biographisch-bibliographischer Abriß. München ^{5}1977
Martin, Werner: Heinrich Böll. Eine Bibliographie. Hildesheim 1975

4. Forschungsbericht

Nägele, Rainer: Heinrich Böll. Einführung in das Werk und die Forschung. Frankfurt/Main 1976

5. Zu Leben und Werk und zu einzelnen Aspekten des Gesamtwerks

Arnold, Heinz Ludwig (Hg.): Heinrich Böll (= Text und Kritik Nr. 33). München ^{3}1982
Balzer, Bernd: Anarchie und Zärtlichkeit. In: *Heinrich Böll*, Werke, hrsg. v. B. B. Köln 1977, R I, S. 1 – 128
Bernhard, Hans Joachim: Die Romane Heinrich Bölls. Gesellschaftskritik und Gemeinschaftsutopie. Berlin/DDR ^{2}1973
Beth, Hanno (Hg.): Heinrich Böll. Eine Einführung in das Gesamtwerk in Einzelinterpretationen. Königstein 1975; 2. erw. Aufl. 1980
Bruhn, Peter / Glade, Henry: Heinrich Böll in der Sowjetunion. 1952 – 1979. Berlin 1980
dell'Agli, Anna Maria (Hg.): Zu Heinrich Böll (= Literaturwissenschaft – Gesellschaftswissenschaft 65: LGW-Interpretationen). Stuttgart 1984
Falkenstein, Henning: Heinrich Böll (= Köpfe des 20. Jahrhunderts, 105). Berlin 1987
Hoffmann, Christine Gabriele: Heinrich Böll. Hamburg 1977
Hoffmann, Léopold: Heinrich Böll. Einführung in Leben und Werk. Luxemburg ^{2}1973

In Sachen Böll. Ansichten und Einsichten, hg. v. *Marcel Reich-Ranicki*. Köln 1968
Jeziorkowski, Klaus: Rhythmus und Figur. Zur Technik der epischen Konstruktion in Heinrich Bölls »Der Wegwerfer« und »Billard um halb zehn«. Bad Homburg 1968
Jurgensen, Manfred (Hg.): Böll. Untersuchungen zum Werk. Bern 1975
Lehnhard, Eberhard: Urchristentum und Wohlstandsgesellschaft. Das Romanwerk Heinrich Bölls von »Haus ohne Hüter« bis »Gruppenbild mit Dame«. Bonn 1984
Linder, Christian: Heinrich Böll. Leben und Schreiben. Köln 1986
Moling, Heinrich: Heinrich Böll – eine »christliche« Position? Zürich 1974
Reid, James, H.: Heinrich Böll. Ein Zeuge seiner Zeit (= dtv Wissenschaftliche Reihe 4533). München 1990
Schröter, Klaus: Heinrich Böll (= rororo Monographien 310). Hamburg 1982
Schwarz, Wilhelm Johannes: Der Erzähler Heinrich Böll. Seine Werke und Gestalten. Bern 1967
Stresau, Hermann: Heinrich Böll. Berlin ^{6}1974
Vogt, Jochen: Heinrich Böll. München 1978
Wirth, Günther: Heinrich Böll. Essayistische Studie über religiöses und gesellschaftliches Milieu im Prosawerk des Dichters. Berlin/DDR ^{2}1969

6. Zu »Ansichten eines Clowns«

Balzer, Bernd: Humanität als ästhetisches Prinzip – Die Romane Heinrich Bölls (1975). In: *Hanno Beth* (Hg.), Heinrich Böll. Eine Einführung in das Gesamtwerk in Einzelinterpretationen. Königstein ^{2}1980, S. 41ff.
Beck, Evelyn T.: Ein Kommentar aus feministischer Sicht zu Bölls »Ansichten eines Clowns«. In: *Anna Maria dell'Agli*, Zu Heinrich Böll. Stuttgart 1984, S. 58ff.
Fetscher, Iring: Menschlichkeit und Humor: »Ansichten eines Clowns«. In: In Sachen Böll. Ansichten und Einsichten, hg. v. *Marcel Reich-Ranicki*. Köln 1968, S. 275ff.
Goes, Albrecht: Die Zahnpastatube in »Ansichten eines Clowns«. In: In Sachen Böll. Ansichten und Einsichten, hg. v. *Marcel Reich-Ranicki*. Köln 1968, S. 285ff.
Götze, Karl Heinz: Heinrich Böll. »Ansichten eines Clowns«. München ^{2}1990
Grandell Silén, Ulla: Marie, Leni, Katharina und ihre Schwestern. Eine Analyse des Frauenbildes in 3 Werken von Heinrich Böll. Stockholm 1982
Hengst, Heinz: Die Frage nach der »Diagonale zwischen Gesetz und Barmherzigkeit«. In: *Heinz Ludwig Arnold* (Hg.), Heinrich Böll. München ^{3}1982, S. 99ff.
Hinck, Walter: Bölls »Ansichten eines Clowns« – heute. In: *Manfred Jurgensen* (Hg.), Böll. Untersuchungen zum Werk. Bern 1975, S. 11ff.
Leiser, Peter: Heinrich Böll. Das Brot der frühen Jahre – Ansichten eines Clowns. Holfeld 1975
Müller, Rolf: Clowneske Wirklichkeit. Erläuterungen zu Heinrich Bölls »Ansichten eines Clowns«. Holfeld ^{5}1984
Noble, C. A. M: Die »Ansichten eines Clowns« und ihre Stellung in Bölls epischer Entwicklung. In: *Manfred Jurgensen* (Hg.), Böll. Untersuchungen zum Werk. Bern 1975, S. 153ff.

7. Zum Verhältnis von Staat und Schriftstellern

Kuttenkeuler, Wolfgang (Hg.): Poesie und Politik. Zur Situation der Literatur in Deutschland. Stuttgart 1973